AF562999

ANTONY,

DRAME EN CINQ ACTES,

Par M. Alexandre Dumas,

REPRÉSENTÉ POUR LA PREMIÈRE FOIS, SUR LE THÉATRE DE LA PORTE-SAINT-MARTIN, LE MARDI 3 MAI 1831.

PERSONNAGES.	ACTEURS.
ANTONY	M. BOCAGE.
ADÈLE D'HERVEY	Mme DORVAL.
EUGÈNE D'HERVILLY, jeune poète	M. CHÉRI.
OLIVIER DELAUNAY, médecin	M. ÉDOUARD.
LA VICOMTESSE DE LANCY.	Mme PAUL.
LE BARON DE MARSANNE, abonné du *Constitutionnel*.	M. MOESSARD.
FRÉDÉRIC DE LUSSAN.	M. MONVAL.
LE COLONEL D'HERVEY.	M. WALTER.
Mme DE CAMPS	Mlle MÉLANIE.
CLARA, sœur d'Adèle	Mme CAUMONT.
L'HOTESSE d'une petite auberge aux environs de Strasbourg	Mme SIMON.
LOUIS, domestique d'Antony	M. HÉRET.
UN DOMESTIQUE de la Vicomtesse de Lancy	M. FONBONNE.
UNE FEMME DE CHAMBRE d'Adèle.	

ACTE PREMIER.

—

Un salon du faubourg Saint-Honoré.

SCÈNE PREMIÈRE.

ADÈLE, CLARA, MADAME LA VICOMTESSE DE LANCY, *debout et prenant congé de ces dames.*

LA VICOMTESSE, *à Adèle.* Adieu, chère amie, soignez bien votre belle santé; nous avons besoin de vous cet hiver, et, pour cela, il faut être fraîche et gaie, entendez-vous?

ADÈLE. Soyez tranquille, je ferai de mon mieux pour cela; adieu. Clara, sonne un domestique; qu'il fasse avancer la voiture de madame la vicomtesse.

LA VICOMTESSE. Entendez-vous bien: la campagne, le lait d'ânesse et l'exercice du cheval, voilà mon ordonnance. — Adieu, Clara.

(Elle sort.)

SCÈNE II.

ADÈLE, CLARA.

ADÈLE, *se rasseyant.* Sais-tu pourquoi la vicomtesse ne parle plus que de médecine?

CLARA. Sais-tu pourquoi, il y a un an, la vicomtesse ne parlait que de guerre?

ADÈLE. Méchante!

CLARA. Oui, le colonel Armand est parti, il y a un an, pour la guerre d'Alger. M. le docteur Olivier Delaunay a été présenté en son absence à la vicomtesse La guerre et la médecine se donnent la main. Et tu sais que notre chère vicomtesse est le reflet exact de la personne qui a le bonheur de lui plaire. Dans trois mois viennent un jeune et bel avocat, et elle donnera des consultations, comme elle traçait des plans de bataille, comme elle vient de te prescrire un régime.

ADÈLE. Et qui vous a conté tout cela, belle provinciale arrivée depuis quinze jours?

CLARA. Est-ce que je ne la connaissais pas avant de quitter Paris; et puis madame de Camps est venue hier pendant que tu n'y étais pas, elle m'a fait la biographie de la vicomtesse.

ADÈLE. Oh! que je suis aise de ne pas m'être trouvée chez moi! Cette femme me fait mal avec ses éternelles calomnies.

CLARA, *à un domestique qui entre.* Qu'y a-t-il?

LE DOMESTIQUE. Une lettre.

CLARA, *la prenant.* Pour moi, ou pour ma sœur?

LE DOMESTIQUE. Pour madame la baronne.

ADÈLE. Donne... C'est sans doute de mon mari.

(Le domestique sort.)

CLARA, *la lui remettant.* Ce n'est point son écriture; d'ailleurs elle est timbrée de Paris, et le colonel est à Strasbourg.

ADÈLE, *regardant le cachet, puis l'écriture.* Dieu!

CLARA. Qu'as-tu donc?

ADÈLE. J'espérais ne revoir jamais ni ce cachet ni cette écriture.

(Elle s'assied et froisse la lettre entre ses mains.)

CLARA. Adèle... calme-toi... Tu es toute tremblante!... Et de qui est donc cette lettre?

ADÈLE. Oh! c'est de lui... c'est de lui...

CLARA, *cherchant.* De lui...

ADÈLE. Voilà bien sa devise, que j'avais prise aussi pour la mienne... *Adesso e sempre*... « Maintenant et toujours. »

CLARA. Antony!

ADÈLE. Oui, Antony de retour... et qui m'écrit... qui ose m'écrire...

CLARA. Mais c'est à titre d'ancien ami, peut-être?

ADÈLE. Je ne crois pas à l'amitié qui suit l'amour.

CLARA. Mais rappelle-toi, Adèle, la manière dont il est parti tout-à-coup, aussitôt que le colonel d'Hervey te demanda en mariage, lorsqu'il pouvait s'offrir à notre père qui lui rendait justice..... jeune, paraissant riche..... aimé de toi..... car tu l'aimais... il pouvait espérer d'obtenir la préférence... mais point du tout, il part, en demandant quinze jours seulement..... ce délai expire..... on n'entend plus parler de lui, et trois ans se passent sans qu'on sache en quel lieu de la terre l'a conduit son caractère inquiet et aventureux..... Si ce n'est une preuve d'indifférence, c'en est au moins une de légèreté

ADÈLE. Antony n'était ni léger ni indifférent... il m'aimait autant qu'un cœur profond et fier peut aimer; et, s'il est parti, c'est qu'il y avait sans doute, pour qu'il restât, des obstacles qu'une volonté humaine ne pouvait surmonter... Oh! si tu l'avais suivi comme moi au milieu du monde, où il semblait étranger, parce qu'il lui était supérieur, si tu l'avais vu triste et sévère au milieu de ces jeunes fous, élégans et nuls... si, au milieu de ces regards qui le soir nous entourent, joyeux et pétillans... tu avais vu ses yeux constamment arrêtés sur toi, fixes et sombres, tu aurais deviné que l'amour qu'ils exprimaient ne se laissait pas abattre par quelques difficultés..... et, lorsqu'il serait parti... tu te serais dit la première : C'est qu'il était impossible qu'il restât.

CLARA. Mais peut-être que cet amour, après trois ans d'absence...

ADÈLE. Regarde comme sa main tremblait en écrivant cette adresse...

CLARA. Oh! moi, je suis sûre que nous n'allons retrouver qu'un ami bien dévoué... bien sincère...

ADÈLE. Eh bien! ouvre donc cette lettre, car alors... moi... car moi, je ne l'ose pas...

CLARA, *lisant* « Madame... » tu vois, madame...

ADÈLE, *vivement.* Il n'a jamais eu le droit de me donner un autre nom.

CLARA, *lisant.* « Madame, sera-t-il per-
» mis à un ancien ami, dont vous avez
» peut-être oublié jusqu'au nom, de dépo-
» ser à vos pieds ses hommages respectueux;
» de retour à Paris, et devant repartir
» bientôt, souffrez qu'usant des droits d'une
» ancienne connaissance, il se présente chez
» vous ce matin.

» Daignez, etc.

» ANTONY. »

ADÈLE. Ce matin... Il est onze heures... il va venir...

CLARA. Eh bien! je ne vois là qu'une lettre très-froide, très-mesurée...

ADÈLE. Et cette devise...

CLARA. C'était la sienne avant qu'il ne te connût, peut-être; il l'a conservée..... Mais sais-tu qu'il y a vraiment de l'amour-propre... car, qui te dit qu'il t'aime encore?

ADÈLE, *mettant la main sur son cœur.* Je le sens là ..

CLARA. Il annonce son départ...

ADÈLE. Si nous nous revoyons, il restera... Ecoute, je ne veux pas le revoir, je ne le veux pas... Ce n'est point à toi, Clara, ma sœur, mon amie... à toi, qui sais que je l'ai aimé... que j'essaierai de cacher un seul sentiment de mon cœur.... Oh! non, je crois bien que je ne l'aime plus..... D'Hervey est si bon, si digne d'être aimé, que je n'ai conservé aucun regret d'un autre tems... Mais il ne faut pas que je le revoie... Si je le revois... s'il me parle, s'il me regarde... Oh! c'est qu'il y a dans ses yeux une fascination, dans sa voix un charme... Oh! non, non. Tu allais sortir, c'est moi qui sortirai. Tu le recevras, toi, Clara; tu lui diras que j'ai conservé pour lui tous les sentimens d'une amie... Que si le colonel d'Hervey était ici, il se ferait comme moi un vrai plaisir de le recevoir; mais qu'en l'absence de mon mari... pour moi, ou plutôt pour le monde, je le supplie de ne pas essayer de me revoir... qu'il parte... et tout ce qu'une amie peut faire de vœux accompagnera son départ... Qu'il parte, ou, s'il reste, c'est moi qui partirai... Montre-lui ma fille; dis-lui que je l'aime passionnément, que cette enfant est ma joie... mon bonheur... ma vie. Il te demandera si parfois j'ai parlé de lui avec toi.

CLARA. Je lui dirai la vérité... Jamais.

ADÈLE. Au contraire, dis-lui oui quelquefois... Si tu lui disais non, il croirait que je l'aime encore, et que je crains jusqu'à son souvenir.

CLARA. Sois tranquille... tu sais comme il m'écoutait. Je te promets d'obtenir de lui qu'il parte sans te revoir.

LE DOMESTIQUE, *à Clara*. La voiture de madame est prête.

ADÈLE. C'est bien. Adieu, Clara... Cependant sois bonne avec Antony; adoucis par des paroles d'amitié ce qu'il y a d'amer dans ce que j'exige de lui... et, s'il a pleuré, ne me le dis pas à mon retour... Adieu...

CLARA. Tu te trompes, ce chapeau est le mien.

ADÈLE. C'est juste! n'oublie rien de ce que je t'ai dit.

(Elle sort.)

CLARA. Oh! non. Pauvre Adèle! je savais bien qu'elle n'était pas heureuse..... Mais n'est-ce pas à tort que cette lettre l'inquiète. Enfin, mieux vaut qu'elle l'évite. (*Elle va au balcon et parle à sa sœur.*) Prends bien garde, Adèle, ces chevaux m'épouvantent..... A quelle heure rentreras-tu?

ADÈLE, *de la rue*. Mais peut-être pas avant le soir.

CLARA. Bien, adieu. (*Appelant un domestique.*) Henri, défendez la porte pour tout le monde, excepté pour un étranger, M. Antony; allez... Quel est ce bruit? *Dans la rue*. Arrêtez! arrêtez!

CLARA, *allant à la fenêtre*. La voiture... ma sœur... mon Dieu! Oh! oui, arrêtez, arrêtez! Oh! je n'y vois plus... Au nom du ciel, arrêtez! c'est ma sœur, ma sœur! (*Bruit et cris dans la rue. Clara jette un cri et vient retomber sur un fauteuil.*) Oh! grâce, grâce, mon Dieu!

HENRI, *rentrant*. Madame, ne craignez rien, les chevaux sont arrêtés; un jeune homme s'est jeté au-devant d'eux... il n'y a plus de danger.

CLARA. Oh! merci, mon Dieu!

(Bruit dans la rue.)

PLUSIEURS VOIX. Il est tué, non, si, blessé. Où le transporter?

ADÈLE, *dans la rue*. Chez moi! chez moi!

CLARA. C'est la voix de ma sœur!... il ne lui est rien arrivé... Mon Dieu!... Mes genoux tremblent, je ne puis marcher... Adèle!...

(Elle sort.)

UN DOMESTIQUE. Qu'y a-t-il, madame?

CLARA. C'est ma sœur, ma sœur! une voiture! Ah! c'est toi!

ADÈLE, *entrant pâle*. Clara... ma sœur... sois tranquille... je ne suis pas blessée. (*Au domestique.*) Courez chercher un médecin... M. Olivier Delaunay, c'est le plus voisin... Ou plutôt passez d'abord chez la vicomtesse de Lancy, il y sera peut-être.. Faites déposer le blessé en bas, dans le vestibule: allez. (*Il sort.*) Clara! Clara!... sais-tu que c'est lui... lui... Antony!

CLARA. Antony!... Dieu!...

ADÈLE. Et quel autre que lui aurait osé se jeter au-devant de deux chevaux emportés?

CLARA. Et comment?

ADÈLE. Ne comprends-tu pas? Il venait ici... le malheureux! il aura eu le front brisé.

CLARA. Mais es-tu sûr que ce soit lui?

ADÈLE. Oh! si j'en suis sûre! et n'ai-je pas eu le tems de le voir tandis qu'ils l'entraînaient? n'ai-je pas eu le temps de le reconnaître tandis qu'ils le foulaient aux pieds?

CLARA. Oh!

ADÈLE. Écoute, va près de lui, ou plutôt envoie quelqu'un; et si tu doutes encore, dis qu'on m'apporte les papiers qu'il a sur lui, afin que je sache qui il est, car il est évanoui, vois-tu, évanoui, peut-être mort! Mais va donc! vas donc! et fais moi donner de ses nouvelles. (*Clara sort.*) De ses nouvelles! oh! c'est moi qui devrais en aller chercher !.. c'est moi qui devrais être là pour lire dans les yeux du médecin la mort ou sa vie? Son cœur devrait recommencer à battre sous ma main, mes yeux devraient être les premiers qu'il rencontrât. N'est-ce pas pour moi?... n'est-ce pas en me sauvant la vie!... Oh! mon Dieu!... il y aurait là des étrangers, des indifférens, des gens au cœur froid qui épieraient! Oh! mon Dieu? ne viendra-t-on pas me dire s'il est mort ou vivant. (*A un domestique qui entre.*) Eh bien?

LE DOMESTIQUE, *remettant un portefeuille et un petit poignard.* Pour madame.

ADÈLE. Donnez. Comment va-t-il? a-t-il ouvert les yeux?

LE DOMESTIQUE. Pas encore; mais M. Delaunay vient d'arriver, il est près de lui.

ADÈLE. Bien. Vous lui direz de monter, que je sache de lui-même... Allez. Si pourtant je m'étais trompée, si ce n'était pas lui... (*Ouvrant le portefeuille.*) Dieu, que j'ai bien fait... mon portrait! Si un autre que moi avait ouvert ce portefeuille, mon portrait qu'il a fait de souvenir... Pauvre Antony, je ne suis plus si jolie que cela, va!... Dans ta pensée j'étais belle... j'étais heureuse... tu me retrouveras bien changée... J'ai tant souffert. (*Continuant ses recherches.*) Une lettre de moi!... la seule que je lui aie écrite. (*Lisant.*) Je lui disais que je l'aimais... Le malheureux... l'imprudent.. Si je la reprenais... c'est le seul témoignage... il n'a qu'elle; sans doute il l'a relue mille fois... c'est son bien, sa consolation... et je le lui ravirais! Et quand, les yeux à peine rouverts... mourant pour moi... il portera la main à sa poitrine..... ce ne sera pas sa blessure qu'il cherchera, ce sera cette lettre... il ne la trouvera plus... et c'est moi qui la lui aurai soustraite! oh! ce serait affreux!... qu'il la garde... D'ailleurs, n'ai-je pas gardé les siennes, moi!... Son poignard, que je m'effrayais de lui voir porter toujours... j'ignorais que ce fût son pommeau qui lui servît de cachet et de devise... Je le reconnais bien à ces idées d'amour et de mort constamment mêlées... Antony!... Je n'y puis résister... il faut que j'aille... que je voie moi-même... Ah! monsieur Olivier, venez, venez! Et bien?

SCÈNE III.

ADÈLE, OLIVIER, DELAUNAY, *puis* ANTONY.

OLIVIER. Rassurez-vous, madame; l'accident, quoique grave, n'est point dangereux.

ADÈLE. Dites-vous vrai?

OLIVIER. Je réponds du blessé... Vous en rapportez-vous à ma parole?... Mais vous-même, la frayeur, le saisissement.....

ADÈLE. Est-il revenu à lui?

OLIVIER. Pas encore. Mais votre pâleur?..

ADÈLE. Pourquoi donc l'avez-vous quitté?...

OLIVIER. Un de mes amis est près de lui... On m'a dit que vous désiriez avoir des nouvelles sûres... Puis j'ai pensé que vous aviez peut-être besoin...

ADÈLE. Moi!... moi!... il s'agit bien de moi... Mais qu'a-t-il enfin?... Qu'avez-vous fait?

OLIVIER. Les termes scientifiques vous effraieront peut-être?

ADÈLE. Oh! non, non pourvu que je sache!... Vous comprenez; il m'a sauvé la vie... c'est tout simple...

OLIVIER, *avec quelque étonnement.* Oui, sans doute, madame... Eh bien! le timon, en l'atteignant, a causé une forte contusion au côté droit de la poitrine. La violence du coup a amené l'évanouissement; j'ai opéré à l'instant une saignée abondante... et maintenant du repos et de la tranquillité feront le reste... Mais il ne pouvait rester dans le vestibule, entouré de domestiques, de curieux; j'ai donné en votre nom l'ordre qu'on le transportât ici.

ADÈLE. Ici!... Etait-il donc trop faible pour être conduit chez lui?..

OLIVIER. Il n'y aurait eu à cela aucun inconvénient, à moins que l'appareil ne se dérangeât; mais j'ai pensé qu'une reconnaissance, que vous paraissez si bien sentir, avait besoin de lui être exprimée...

ADÈLE. Oui, certes. (*Bas.*) Et s'il allait parler, si mon nom prononcé par lui... (*Haut.*) Oui, oui, sans doute, vous avez bien fait... Mais il faut qu'il soit seul, n'est-ce pas... tout-à-fait seul quand il ouvrira les yeux? Vous-même passerez dans une autre chambre, car la vue d'un étranger...

OLIVIER. Mais cependant...

ADÈLE. Ah! vous avez dit que la moindre émotion lui serait funeste... vous l'avez dit, ou du moins je le crois n'est-ce pas?

OLIVIER, *la regardant.* Oui, madame... je l'ai dit... c'est nécessaire... mais cette précaution n'est pas pour moi... pour moi médecin.

ADÈLE. Le voilà... Ecoutez, je vous prie... dites qu'il a besoin d'être seul... que c'est vous qui ordonnez que personne ne reste près de lui. (*Clara entre avec des domestiques portant Antony.* Déposez-le sur ce sofa... Clara, M. Olivier dit qu'il faut laisser le malade seul... que nous devons sortir tous... Vous voyez, docteur, que je donne l'exemple... Clara, tu tiendras compagnie à M. Olivier; moi je vais donner quelques ordres... Clara.

(Adèle sort.)

OLIVIER, *à Clara.* Pardon, je m'assurais... Le pouls recommence à battre;..... me voici.

(Ils sortent. Antony reste seul un instant, puis une petite porte se rouvre, et Adèle entre avec précaution.)

ADÈLE. Il est seul enfin... Antony... Voilà donc comme je devais le revoir... pâle, mourant... La dernière fois que je le vis... il était aussi près de moi plein d'existence, calculant pour tous deux un même avenir... Quinze jours d'absence, disait-il, et une réunion éternelle... et en partant il pressait ma main sur son cœur. Vois comme il bat, disait-il; eh bien! c'est de joie, c'est d'espérance. Il part, et trois ans, minute par minute, jour par jour, s'écoulent lentement séparés... Il est là près de moi... comme il y était alors... c'est bien lui... c'est bien moi... rien n'est changé en apparence, seulement son cœur bat à peine, et notre amour est un crime, Antony!...

(Elle laisse tomber sa tête entre ses mains : Antony rouvre les yeux, voit une femme, la regarde fixement et rassemble ses idées.)

ANTONY. Adèle?...

ADÈLE, *laissant tomber ses mains.* Ah!

ANTONY. Adèle!

(Il fait un mouvement pour se lever.)

ADÈLE. Oh! restez, restez... vous êtes blessé, et le moindre mouvement, la moindre tentative...

ANTONY. Ah! oui, je le sens; en revenant à moi, en vous retrouvant près de moi, j'ai cru vous avoir quittée hier, et vous revoir aujourd'hui. Qu'ai-je donc fait des trois ans qui se sont passés? trois ans, et pas un souvenir!

ADÈLE. Oh! ne parlez pas.

ANTONY. Je me rappelle maintenant, je vous ai revue pâle, effrayée... J'ai entendu vos cris, une voiture, des chevaux... je me suis jeté au devant... Puis tout a disparu dans un nuage de sang, et j'ai espéré être tué...

ADÈLE. Vous n'êtes que peu dangereusement blessé, monsieur, et bientôt, j'espère..

ANTONY. Monsieur .... Oh! malheur à moi, car ma mémoire revient... monsieur.. et bien, moi aussi, je dirai madame; je désapprendrai le nom d'Adèle pour celui de D'Hervey.. madame d'Hervey, et que le malheur d'une vie tout entière soit dans ces deux mots...

ADÈLE. Vous avez besoin de soins, Antony et je vais appeler.

ANTONY. Antony, c'est mon nom à moi... toujours le même..... Mille souvenirs de bonheur sont dans ce nom... Mais madame d'Hervey !...

ADÈLE. Antony!

ANTONY. Oh! redis mon nom ainsi, encore... et j'oublierai tout... Oh! ne t'éloigne pas, mon Dieu!... reviens, reviens, que je te revoie... je ne vous tutoierai plus, je vous appellerai madame... Venez, venez, je vous supplie; oui, c'est bien vous, toujours belle... calme... comme si pour vous seule la vie n'avait pas de souvenirs amers.. Vous êtes donc heureuse, madame?...

ADÈLE. Oui, heureuse...

ANTONY. Moi aussi, Adèle, je suis heureux!...

ADÈLE. Vous!...

ANTONY. Pourquoi pas?... douter, voilà le malheur; mais lorsqu'on n'a plus rien à espérer ou à craindre de la vie, que notre jugement est prononcé ici-bas comme celui d'un damné... le cœur cesse de saigner... il s'engourdit dans sa douleur... et le désespoir a aussi son calme, qui, vu par les gens heureux, ressemble au bonheur... Et puis, malheur... bonheur... désespoir, ne sont-ce pas de vains mots, un assemblage de lettres qui représente une idée dans notre imagination, et pas ailleurs... que le tems détruit et recompose pour en former d'autres... Qui donc, en me regardant, en me voyant vous sourire comme je vous souris en ce moment, oserait dire : Antony n'est pas heureux!...

ADÈLE. Laissez-moi...

ANTONY, *poursuivant son idée.* Car, voilà les hommes... que j'aille au milieu d'eux, qu'écrasé de douleurs, je tombe sur une place publique, que je découvre à leurs yeux béans et avides la blessure de ma poitrine et les cicatrices de mon bras, ils diront : Oh! le malheureux, il souffre; car là, pour leurs yeux vulgaires, tout sera visible, sang et blessures... et ils s'approcheront... et par pitié pour une souffrance, qui demain peut être la leur, ils me secoure ront... mais que, trahi dans mes espérances les plus divines... blasphémant Dieu, l'ame déchirée et le cœur saignant, j'aille me rouler au milieu de leur foule, en leur disant : Oh ! mes amis, pitié pour moi, pitié! je souffre bien... je suis bien malheureux !.. ils diront : C'est un fou, un insensé ; et ils passeront en riant...

ADÈLE, *essayant de dégager sa main.* Permettez...

ANTONY. Et c'est pour cela que Dieu a voulu que l'homme ne pût pas cacher le sang de son corps sous ses vêtemens, mais a permis qu'il cachât les blessures de son ame sous un sourire. (*Lui écartant les mains.*) Regarde-moi en face, Adèle... Nous sommes heureux, n'est-ce pas?

ADÈLE. Oh! calmez-vous; agité comme vous l'êtes, comment vous transporter chez vous?

ANTONY. Chez moi me transporter!..... vous allez donc... Ah! oui, je comprends...

ADÈLE. Vous ne pouvez rester ici dès lors que votre état n'offre plus aucune inquiétude ; tous mes amis qui vous connaissent savent que vous m'avez aimée... et pour moi-même...

ANTONY. Oh ! dites pour le monde... madame!... Il faudrait donc que je fusse mourant pour que je restasse ici... ce serait dans les convulsions de l'agonie seulement que ma main pourrait serrer la vôtre. Ah! mon Dieu ! Adèle, Adèle !

ADÈLE. Oh! non ; si le moindre danger existait, si le médecin n'avait pas répondu de vous, oui, je risquerais ma réputation, qui n'est plus à moi, pour vous garder .. j'aurais une excuse aux yeux de ce monde... mais...

ANTONY, *déchirant l'appareil de sa blessure et de sa saignée.* Une excuse, ne faut-il que cela?

ADÈLE. Dieu! oh! le malheureux! il a déchiré l'appareil... Du sang! mon Dieu! du sang! (*Elle sonne.*) Au secours!..... Ce sang ne s'arrêtera-t-il pas?.. il pâlit... ses yeux se ferment...

ANTONY, *retombant presque évanoui sur le sofa.* Et maintenant je resterai, n'est-ce pas?...

FIN DU PREMIER ACTE.

ACTE II.

Même appartement qu'au premier acte.

SCENE PREMIÈRE.

ADÈLE, *la tête appuyée sur ses deux mains ;* CLARA, *entrant.*

CLARA. Adèle!...

ADÈLE. Eh bien!

CLARA. Je quitte Antony.

ADÈLE. Antony! toujours Antony!... Eh bien! que me veut-il?

CLARA. Il va s'en aller aujourd'hui.

ADÈLE. Il est tout-à-fait rétabli?

CLARA. Oui ; mais il est si triste...

ADÈLE. Mon Dieu!

CLARA. Tu as été bien cruelle envers lui. Depuis cinq jours qu'il t'a sauvée, à peine si tu l'as revu, et toujours devant M. Olivier... Tu as peut-être raison. Oui, c'est un devoir que t'imposent les titres d'épouse et de mère..... Mais, Adèle, ce malheureux souffre tant... il a droit de se plaindre. Un étranger eût obtenu de toi plus d'égards, plus de soins... Ne crains-tu pas que tant de réserve ne lui fasse soupçonner que c'est pour toi-même que tu crains de le revoir?

ADÈLE. Le revoir! oh! mon Dieu! où est donc la nécessité de le revoir? Oh! vous me perdrez tous deux ; et alors, toi aussi, tu me diras comme les autres : Pourquoi l'as-tu revu?... Clara, toi qui es heureuse près d'un mari qui t'aime et que tu as épousé d'amour, toi qui craignais de le quitter quinze jours pour les venir passer près de moi, je conçois que mes craintes te paraissent exagérées... Mais moi, seule avec ma fille, isolée avec mes souvenirs, parmi lesquels il en est un qui me poursuit comme un spectre.... Oh! tu ne sais pas ce que c'est que d'avoir aimé et de n'être pas à l'homme qu'on aimait!... Je le retrouve partout au milieu du monde..... Je le vois là, triste, pâle, regardant le bal. Je fuis cette vision, et j'entends à mon oreille une voix qui bourdonne... c'est la sienne.

Je rentre, et, jusqu'auprès du berceau de ma fille... mon cœur bondit et se serre.... et je tremble de me retourner et de le voir... Cependant, oui, en face de Dieu, je n'ai à me reprocher que ce souvenir... Eh bien! il y a quelques jours encore, voilà ce qu'était ma vie... je le redoutais absent; maintenant qu'il est là, que ce ne sera plus une vision, que ce sera bien lui que je verrai... que ce sera sa voix que j'entendrai.... oh! Clara, sauve-moi; dans tes bras, il n'osera pas me prendre... S'il est permis à notre mauvais ange de se rendre visible, Antony est le mien.

CLARA. Ecoute, et toutes tes craintes cesseront bientôt. Il quitte Paris; seulement, je te le répète, il veut te revoir auparavant, te confier un secret duquel dépend son repos, son honneur....... puis il s'éloignera pour toujours... il l'a juré sur sa parole...

ADÈLE. Eh bien! non! non! ce n'est pas lui qui doit partir, c'est moi... Ma place, à moi, est près de mon mari..... c'est lui qui est mon défenseur et mon maître... il me protégera, même contre moi; j'irai me jeter à ses pieds, dans ses bras... Je lui dirai: Un homme m'a aimée avant que je fusse à toi... il me poursuit... je ne m'appartiens plus, je suis ton bien: je ne suis qu'une femme; peut-être seule n'aurais-je pas eu de force contre la séduction..... me voilà, ami, défends-moi! défends-moi!

CLARA. Adèle, réfléchis. Que dira ton mari? comprendra-t-il ces craintes exagérées?..... Que risques-tu de rester encore quelque tems?... Eh bien! alors...

ADÈLE. Et si alors le courage de partir me manque; si, quand j'appellerai la force à mon aide, je ne trouve plus dans mon cœur que de l'amour..... la passion et ses sophismes éteindront un reste de raison, et puis..... Oh! non, ma résolution est prise..... c'est la seule qui puisse me sauver... Clara prépare tout pour ce départ.

CLARA. Eh bien! alors laisse-moi t'accompagner, je ne veux pas que tu partes seule.

ADÈLE. Non, non, je te laisse ma fille; la route est longue et fatigante: je ne dois pas exposer cette enfant; reste près d'elle. Il est neuf heures et demie..... qu'à onze heures ma voiture soit prête: surtout le plus grand secret..... Oui, je le recevrai... maintenant je ne le crains plus... Ma sœur, mon amie, je me confie à toi; tu auras aidé à me sauver... Oh! dis-moi donc que j'ai raison.

CLARA. Je ferai ce que tu voudras.

ADÈLE. Bien..... laisse moi seule à présent... rentre à onze heures... Je saurai en te voyant que tout est prêt, et tu n'auras besoin de me rien dire: pas un signe, pas un mot qui puisse lui faire soupçonner... Oh! tu ne le connais pas!

CLARA. Tout sera prêt.

ADÈLE. A onze heures.

CLARA. A onze heures.

ADÈLE. Je ne te demande plus maintenant que le tems d'écrire quelques lignes.

SCÈNE II.

ADÈLE, *seule, écrivant.*

« Monsieur, l'opiniâtreté que vous mettez à me poursuivre, quand tout me fait » un devoir de vous éviter, me force à » quitter Paris... Je m'éloigne, emportant » pour vous les seuls sentimens que le tems » et l'absence ne peuvent altérer, ceux » d'une véritable amitié.

» ADÈLE D'HERVEY »

Oh! mon Dieu! que ce soit le dernier sacrifice; j'ai encore assez de force... mais, qui sait...

UN DOMESTIQUE. Monsieur Antony.

ADÈLE, *cachetant la lettre.* Un instant... bien... faites entrer...

SCENE III.

ADÈLE, ANTONY.

ADÈLE. Vous avez désiré me voir avant de nous quitter; malgré le besoin que j'éprouvais de vous exprimer ma reconnaissance, j'ai hésité quelque tems à recevoir M. Antony...... Vous avez insisté, et je n'ai pas cru devoir refuser une si légère faveur à l'homme sans lequel je n'aurais jamais revu peut-être ni ma fille ni mon mari.

ANTONY. Oui, madame, je sais que c'est pour eux seuls que je vous ai conservée.... Quant à cette reconnaissance que vous éprouvez, dites-vous, le besoin de m'exprimer, ce que j'ai fait en mérite-t-il la peine? un autre, le premier venu, l'eût fait à ma place... Et, s'il ne s'était rencontré personne sur votre route, le cocher eût arrêté les chevaux, ou ils se seraient calmés d'eux-mêmes... Le timon eût donné dans un mur tout aussi bien que dans ma poitrine, et le même effet était produit.... Qu'importent donc les causes!... c'est le hasard, le hasard seul dont vous devez vous plaindre, et qu'il faut que je remercie.

ADÈLE. Le hasard!... et pourquoi vouloir m'ôter le seul sentiment que je puisse avoir pour vous! Est-ce généreux?... je vous le demande!

ANTONY. Ah! c'est que le hasard semble jusqu'à présent avoir seul régi ma destinée.... Si vous saviez combien les événemens les plus importans de ma vie ont eu des causes futiles!... Un jeune homme, que je n'ai pas revu deux fois depuis peut-être, me conduisit chez votre père.... J'y allai, je ne sais pourquoi, comme on va partout. Ce jeune homme, je l'avais rencontré au bois de Boulogne; nous nous croisions sans nous parler; un ami commun passe et nous fait faire connaissance. Eh bien! cet ami pouvait ne point passer, ou mon cheval prendre une autre allée, et je ne le rencontrais pas, il ne me conduisait pas chez votre père, les événemens qui depuis trois ans ont tourmenté ma vie faisaient place à d'autres; je ne venais pas, il y a cinq jours, pour vous voir, je n'arrêtais pas vos chevaux, et dans ce moment, ne m'ayant jamais connu, vous ne seriez pas même obligée d'avoir pour moi un seul sentiment, celui de la reconnaissance; si vous ne la nommez pas hasard, comment donc appellerez-vous cette suite d'infiniment petits événemens qui, réunis, composent une vie de douleur ou de joie, et qui, isolés, ne valent ni une larme ni un sourire.

ADÈLE. Mais n'admettez-vous pas, Antony, qu'il existe des prévisions de l'ame, des pressentimens?

ANTONY. Des pressentimens!..... et ne vous est-il jamais arrivé d'apprendre tout-à-coup la mort d'une personne aimée, et de vous dire : Que faisais-je au moment où cette partie de mon ame est morte? Ah! je m'habillais pour un bal, ou je riais au milieu d'une fête.

ADÈLE. Oui, c'est affreux à penser...... aussi l'homme n'a-t-il pas eu le sentiment de cette faiblesse, lorsqu'en prenant congé d'un ami, il créa pour la première fois le mot adieu. N'a-t-il pas voulu dire à la personne aimée, je ne suis plus là pour veiller sur toi; mais je te recommande à Dieu, qui veille sur tous : voilà ce que j'éprouve chaque fois que je prononce ce mot en me séparant d'un ami; voilà les mille pensées qu'il éveille en moi. Direz-vous aussi qu'il a été créé par le hasard?

ANTONY. Eh bien! puisqu'un mot, un seul mot éveille en vous tant de pensées différentes... lorsque vous entendiez autrefois prononcer le nom d'Antony.... mon nom... au milieu des noms nobles, distingués, connus, ce nom isolé d'Antony n'éveillait-il pas pour celui qui le portait une idée d'isolement? ne vous êtes-vous pas dit quelquefois que ce ne pouvait être le nom de mon père, celui de ma famille? N'avez-vous pas désiré savoir quelle était ma famille, quel était mon père?

ADÈLE. Jamais... Je croyais votre père mort pendant votre enfance, et je vous plaignais. Je n'avais connu de votre famille que vous; toute votre famille pour moi était donc en vous... vous étiez là... Je vous appelais Antony, vous me répondiez; qu'avais-je besoin de vous chercher d'autres noms?

ANTONY. Et, lorsqu'en jetant les yeux sur la société, vous voyez chaque homme s'appuyer, pour vivre, sur une industrie quelconque, et donner pour avoir le droit de recevoir, vous êtes-vous demandé pourquoi, seul, au milieu de tous, je n'avais ni rang qui me dispensât d'un état, ni état qui me dispensât d'un rang?

ADÈLE. Jamais : vous me paraissiez né pour tous les rangs, appelé à remplir tous les états; je n'osais rien spécialiser à l'homme qui me paraissait capable de parvenir à tout.

ANTONY. Eh bien! madame, le hasard, avant ma naissance, avant que je pusse rien pour ou contre moi, avait détruit la possibilité que cela fût; et depuis le jour où je me suis connu, tout ce qui eût été pour un autre positif et réalité n'a été pour moi que rêve et déception.. N'ayant point un monde à moi, j'ai été obligé de m'en créer un : il me faut à moi d'autres émotions, d'autres douleurs, d'autres plaisirs, et peut-être d'autres crimes!

ADÈLE. Et pourquoi donc? pourquoi cela?

ANTONY. Pourquoi cela?... vous voulez le savoir?.. Et si ensuite, comme les autres, vous alliez... Oh! non, non! vous êtes bonne... Adèle, oh!

ADÈLE. On sonne...silence...une visite... Ne vous en allez pas; demain, peut-être, il serait trop tard...

ANTONY. Oh! malédiction sur le monde qui vient me chercher jusqu'ici!...

UN DOMESTIQUE, *entrant.* Madame la vicomtesse de Lancy... M. Olivier Delaunay...

ADÈLE. Oh! calmez-vous, par grâce... qu'ils ne s'aperçoivent de rien.

ANTONY. Me calmer... je suis calme.. Ah! c'est la vicomtesse et le docteur... Eh! de quoi voulez-vous que je leur parle?

des modes nouvelles, de la pièce qui fait fureur? Eh bien ! mais tout cela m'intéresse beaucoup.

SCENE IV.

Les Précédens, LA VICOMTESSE, OLIVIER.

LA VICOMTESSE. Bonjour, chère amie... j'apprends par M. Olivier qu'à compter d'aujourd'hui vous recevez, et j'accours... Mais savez-vous que j'en frémis encore... vous avez couru un véritable danger...

ADÈLE. Oh! oui, et sans le courage de M. Antony...

LA VICOMTESSE. Ah! voilà votre sauveur... Vous vous rappelez, monsieur, que nous sommes d'anciennes connaissances... J'ai eu le plaisir de vous voir chez Adèle avant son mariage; ainsi, à ce double titre, recevez l'expression de ma reconnaissance bien sincère. (*Elle tend la main à Antony.*) Voyez donc, docteur, monsieur est tout-à-fait bien, un peu pâle encore; mais le mouvement du pouls est bon. Savez-vous que vous avez fait là une cure dont je suis presque jalouse.

ADÈLE. Aussi monsieur me faisait-il sa visite d'adieu.

LA VICOMTESSE. Vous continuez vos voyages?

ANTONY. Oui, madame.

LA VICOMTESSE. Et où allez-vous?.....

ANTONY. Oh! je n'en sais encore rien moi-même... Dieu me garde d'avoir une idée arrêtée! j'aime trop, quand cela m'est possible, charger le hasard du soin de penser pour moi; une futilité me décide, un caprice me conduit, et, pourvu que je change de lieu, que je voie de nouveaux visages, que la rapidité de ma course me débarrasse de la fatigue d'aimer ou de haïr, qu'aucun cœur ne se réjouisse quand j'arrive, qu'aucun lien ne se brise quand je pars, il est probable que j'arriverai comme les autres, après un certain nombre de pas, au terme d'un voyage dont j'ignore le but, sans avoir deviné si la vie est une plaisanterie bouffonne ou une création sublime...

OLIVIER. Mais que dit votre famille de ces courses continuelles?

ANTONY. Ma famille... ah! c'est vrai... elle s'y est habituée. (*A Adèle.*) N'est-ce pas, madame? vous qui connaissez ma famille...

LA VICOMTESSE, *à demi-voix.* Mais vraiment, Adèle..... j'espère bien que ce n'est pas vous qui exigez qu'il parte; les traitemens pathologiques laissent toujours une grande faiblesse, et ce serait l'exposer beaucoup. Oh! c'est qu'il m'est revenu des choses prodigieuses... on m'a dit que vous n'aviez pas voulu le recevoir pendant tout le tems de sa convalescence, parce qu'il vous avait aimée autrefois.

ADÈLE. Oh! silence!

LA VICOMTESSE. Ne craignez rien, ils sont à cent lieues de la conversation, ils parlent littérature: moi je déteste la littérature.

ADÈLE, *essayant de parler avec gaîté.* Mais que je vous gronde aussi... je vous ai vue passer aujourd'hui sous mes fenêtres, et vous n'êtes pas entrée.

LA VICOMTESSE. J'étais trop pressée; en ma qualité de dame de charité, j'allais visiter l'hospice des Enfans-Trouvés..... Oh! mais, au fait, j'aurais dû vous prendre; cela vous aurais distraite un instant...

ANTONY. Et moi j'aurais demandé la permission de vous accompagner; j'aurais été bien aise d'étudier l'effet que produit sur des étrangers la vue de ces malheureux.

LA VICOMTESSE. Oh! cela fait bien peine!... mais ensuite on a le plus grand soin d'eux, ils sont traités comme d'autres enfans...

ANTONY. Oh! c'est bien généreux à ceux qui en prennent soin.

ADÈLE. Comment y a-t-il des mères qui peuvent...

ANTONY. Il y en a cependant... je le sais, moi.

ADÈLE. Vous?

LA VICOMTESSE. Puis de tems en tems des gens riches, qui n'ont pas d'enfans, vont en choisir un là... et le prennent pour eux.

ANTONY. Oui, c'est un bazar comme un autre.

ADÈLE, *avec expression.* Oh! si je n'avais pas eu d'enfans... j'aurais voulu adopter un de ces orphelins...

ANTONY. Orphelins..... que vous êtes bonne!...

LA VICOMTESSE. Eh bien! vous auriez eu tort: là ils passent leur vie avec des gens de leur espèce...

ADÈLE. Oh! ne me parlez pas de ces malheureux, cela me fait mal...

ANTONY. Eh! que vous importe, madame!... (*A la vicomtesse.*) Parlez-en, au contraire. (*Changeant d'expression.*) Vous disiez donc qu'ils étaient là avec des gens de leur espèce, et que madame aurait eu tort...

LA VICOMTESSE. Sans doute, l'adoption n'aurait pas fait oublier la véritable naissance ; et, malgré l'éducation que vous lui auriez donnée, si c'eût été un homme, quelle place pouvait-il occuper ?

ANTONY. En effet, à quoi peut parvenir?...

LA VICOMTESSE. Si c'est une femme, comment la marier ?

ANTONY. Sans doute..... qui voudrait épouser une orpheline ?... Moi... peut-être, parce que je suis au-dessus des préjugés... Ainsi, vous le voyez, madame... l'anathème est prononcé... Il faut que le malheureux reste malheureux ; pour lui Dieu n'a pas de regard, et les hommes de pitié... Sans nom... Savez-vous ce que c'est que d'être sans nom ?..... Vous lui auriez donné le vôtre? eh bien ! le vôtre, tout honorable qu'il est, ne lui aurait pas tenu lieu de celui de son père... et, en l'enlevant à son obscurité et à sa misère, vous n'auriez pu lui rendre ce que vous lui ôtiez.

ADÈLE. Oh ! si je connaissais un malheureux qui fût ainsi, je voudrais, par tous les égards, toutes les prévenances, lui faire oublier ce que sa position a de pénible !... car maintenant, oh ! maintenant, je la comprendrais !

LA VICOMTESSE. Oh ! et moi aussi.

ANTONY. Vous aussi, madame ?... Et si un de ces malheureux était assez hardi pour vous aimer ?...

ADÈLE. Oh ! si j'avais été libre !...

ANTONY. Ce n'est pas à vous, c'est à madame...

LA VICOMTESSE. Il comprendrait, je l'espère, que sa position...

ANTONY. Mais, s'il l'oubliait enfin ?.....

LA VICOMTESSE. Quelle est la femme qui consentirait à aimer...

ANTONY. Ainsi, dans cette situation, il reste... le suicide.

LA VICOMTESSE. Mais, qu'avez-vous donc ?... vous êtes tout bizarre.

ANTONY. Moi ? rien... j'ai la fièvre...

LA VICOMTESSE. Allons, allons, n'allez-vous pas retomber dans vos accès de misantropie... Oh ! je n'ai pas oublié votre haine pour les hommes...

ANTONY. Eh bien ! madame, je me corrige. Je les haïssais, dites-vous... je les ai beaucoup vus depuis, et je ne fais plus que les mépriser ; et, pour me servir d'un terme familier à la profession que vous affectionnez maintenant, c'est une maladie aiguë qui est devenue chronique.

ADÈLE. Mais, avec ces idées, vous ne croyez donc ni à l'amitié, ni...

(Elle s'arrête.)

LA VICOMTESSE. Eh bien ! ni à l'amour

ANTONY, *à la vicomtesse.* A l'amour ! oui... à l'amitié, non... c'est un sentiment bâtard dont la nature n'a pas besoin, une convention de la société que le cœur a adoptée par égoïsme, où l'ame est constamment lésée par l'esprit, et que peut détruire du premier coup le regard d'une femme ou le sourire d'un prince.

ADÈLE. Oh ! vous croyez?

ANTONY. Sans doute, l'ambition et l'amour sont des passions... l'amitié n'est qu'un sentiment...

LA VICOMTESSE. Et, avec ces principes-là, combien de fois avez-vous aimé ?...

ANTONY. Demandez à un cadavre combien de fois il a vécu..

LA VICOMTESSE. Allons, je vois bien que je suis indiscrète..... Quand vous me connaîtrez davantage, vous me ferez vos confidences..... Je donne de tems en tems quelques soirées... mes flatteurs les disent jolies..... Si vous restez, le docteur vous amènera chez moi, ou plutôt présentez-vous vous-même... Je n'ai pas besoin de vous dire que si votre mère, votre sœur, sont à Paris, ce sera avec le même plaisir que je les recevrai... Adieu, chère Adèle... Docteur, voulez-vous descendre, que je n'attende pas... (*A Adèle.*) Eh bien ! il est mieux que lorsque je l'ai connu... beaucoup plus gai !... Il doit vous amuser prodigieusement. Adieu, adieu.

(Elle fait un dernier signe de la main à Antony et sort.)

ANTONY, *le lui rendant.* Malheur !...

ADÈLE, *revenant.* Antony !

ANTONY. Voulez-vous que je vous dise mon secret, maintenant ?...

ADÈLE. Oh ! je le sais, je le sais maintenant... Que cette femme m'a fait souffrir !

ANTONY. Souffrir, bah !..... c'est folie ; tout cela n'est que préjugé ; et puis je commence à me trouver bien ridicule.

ADÈLE. Vous?

ANTONY. Certes ! quand je pourrais vivre avec des gens de mon espèce, avoir eu l'impudence de croire qu'avec une ame qui sent, une tête qui pense, un cœur qui bat... on avait tout ce qu'il fallait pour réclamer sa place d'homme dans la société... son rang social dans le monde... Vanité !

ADÈLE. Oh ! je comprends maintenant tout ce qui m'était demeuré obscur... votre caractère sombre que je croyais fantasque.. tout, tout... jusqu'à votre départ, dont je ne me rendais pas compte ! pauvre Antony !

ANTONY, *abattu.* Oui, pauvre Antony ! car qui vous dira, qui pourra peindre ce que je souffris lorsque je fus obligé de vous quitter ; j'avais perdu mon malheur dans votre amour : les jours, les mois s'envolaient comme des instans, comme des songes ; j'oubliais tout près de vous... Un homme vint, et me fit souvenir de tout... Il vous offrit un rang, un nom dans le monde.... et me rappela à moi que je n'avais ni rang ni nom à offrir à celle à qui j'aurais offert mon sang...

ADÈLE. Et pourquoi..... pourquoi alors ne dites-vous pas cela !... (*Elle regarde la pendule.*) Dix heures et demi ; le malheureux !... le malheureux !...

ANTONY. Dire cela !..... oui, peut-être vous, qui, à cette époque, croyiez m'aimer, auriez-vous oublié un instant qui j'étais pour vous en souvenir plus tard... mais à vos parens il fallait un nom..... et quelle probabilité qu'ils préférassent à l'honorable baron d'Hervey le pauvre Antony !... C'est alors que je vous demandai quinze jours ; un dernier espoir me restait. Il existe un homme chargé, je ne sais par qui, de me jeter tous les ans de quoi vivre un an ; je courus le trouver, je me jetai à ses pieds, des cris à la bouche, des larmes dans les yeux ; je l'adjurai par tout ce qu'il avait de plus sacré, Dieu, son ame, sa mère.. il avait une mère, lui ! de me dire ce qu'étaient mes parens... ce que je pouvais attendre ou espérer d'eux ! Malédiction sur lui ! et que sa mère meure ! je n'en pus rien tirer..... Je le quittai, je partis comme un fou, comme un désespéré, prêt à demander à chaque femme : N'êtes-vous pas ma mère ?...

ADÈLE. Mon ami !

ANTONY. Les autres hommes, du moins, lorsqu'un événement brise leurs espérances, ils ont un frère, un père, une mère... des bras qui s'ouvrent pour qu'ils viennent y gémir. Moi ! moi ! je n'ai pas même la pierre d'un tombeau où je puisse lire un nom et pleurer !

ADÈLE. Calmez-vous, au nom du ciel ! calmez-vous !

ANTONY. Les autres hommes ont une patrie, moi seul je n'en ai pas... car, qu'est-ce que la patrie ? le lieu où l'on est né, la famille qu'on y laisse, les amis qu'on y regrette..... Moi, je ne sais pas même où j'ai ouvert les yeux... je n'ai point de famille, je n'ai point de patrie, tout pour moi était dans un nom ; ce nom c'était le vôtre, et vous me défendez de le prononcer.

ADÈLE. Antony, le monde a ses lois, la société ses exigences ; qu'elles soient des devoirs ou des préjugés, les hommes les ont faites telles, et, eussé-je le désir de m'y soustraire, qu'il faudrait encore que je les acceptasse.

ANTONY. Et pourquoi les accepterais-je, moi ?.. Pas un de ceux qui les ont faites ne peut se vanter de m'avoir épargné une peine ou rendu un service ; non, grâce au ciel, je n'ai reçu d'eux qu'injustice, et ne leur dois que haine..... Je me détesterais du jour où un homme me forcerait à l'aimer..... Ceux à qui j'ai confié mon secret ont renversé sur mon front la faute de ma mère... Pauvre mère !... ils ont dit : Malheur à toi, qui n'as pas de parens !.. Ceux auxquels je l'ai caché ont calomnié ma vie... ils ont dit : Honte à toi, qui ne peux pas avouer à la face de la société d'où te vient ta fortune !... Ces deux mots, honte et malheur, se sont attachés à moi comme deux mauvais génies..... J'ai voulu forcer les préjugés à céder devant l'éducation..... arts, langues, science, j'ai tout étudié, tout appris... Insensé que j'étais d'élargir mon cœur pour que le désespoir pût y tenir ! Dons naturels ou sciences acquises, tout s'effaça devant la tache de ma naissance : les carrières ouvertes aux hommes les plus médiocres se fermèrent devant moi ; il fallait dire mon nom, et je n'avais pas de nom. Oh ! que ne suis-je né pauvre et resté ignorant, perdu dans le peuple ! je n'y aurais pas été poursuivi par les préjugés ; plus ils se rapprochent de la terre, plus ils diminuent, jusqu'à ce que trois pieds au-dessous ils disparaissent tout-à-fait.

ADÈLE. Oui, oui, je comprends... Oh ! plaignez-vous ! plaignez-vous !..... car ce n'est qu'avec moi que vous pouvez vous plaindre !

ANTONY. Je vous vis, je vous aimai ; le rêve de l'amour succéda à celui de l'ambition et de la science ; je me cramponnai à la vie, je me jetai dans l'avenir, pressé que j'étais d'oublier le passé... Je fus heureux... quelques jours..... les seuls de ma vie..... merci, ange ! car c'est à vous que je dois cet éclair de bonheur, que je n'eusse pas connu sans vous... C'est alors que le colonel d'Hervey... Malédiction !.. Oh ! si vous saviez combien le malheur rend méchant ! combien de fois, en pensant à cet homme, je me suis endormi la main sur mon poignard !.. et j'ai rêvé de Grève et d'échafaud !

ADÈLE. Antony !..... vous me faites frémir...

ANTONY. Je partis, je revins ; il y a trois ans entre ces deux mots... ces trois ans se sont passés je ne sais ni où ni comment ; je ne serais pas même sûr de les avoir vécus, si je n'avais le souvenir d'une douleur vague et confuse..... Je ne craignais plus ni les injures ni les injustices des hommes... je ne sentais plus qu'au cœur, et il était tout entier à vous... Je me disais : Je la reverrai... il est impossible qu'elle m'ait oublié... je lui avouerai mon secret... et peut-être qu'alors elle me méprisera, me haïra.

ADÈLE. Antony, oh! comment l'avez-vous pu penser?

ANTONY. Et moi, à mon tour, moi je la haïrai aussi comme les autres... ou bien, lorsqu'elle saura ce que j'ai souffert, ce que je souffre... peut-être elle me permettra de rester près d'elle... de vivre dans la même ville qu'elle!

ADÈLE. Impossible!

ANTONY. Oh! il me faut pourtant haine ou amour, Adèle! je veux l'un ou l'autre... J'ai cru un instant que je pourrais repartir; insensé!... je vous le dirais qu'il ne faudrait pas le croire; Adèle, je vous aime, entendez-vous... Si vous vouliez un amour ordinaire, il fallait vous faire aimer par un homme heureux!... Devoirs et vertu!... vains mots... Un meurtre peut vous rendre veuve... je puis le prendre sur moi ce meurtre; que mon sang coule sous ma main ou sous celle du bourreau, peu m'importe... il ne rejaillira sur personne et ne tachera que le pavé... Ah! vous avez cru que vous pouviez m'aimer, me le dire, me montrer le ciel... et puis tout briser avec quelques paroles dites par un prêtre... Partez, fuyez, restez, vous êtes à moi, Adèle!... à moi, entendez-vous? je vous veux, je vous aurai... Il y a un crime entre vous et moi... soit, je le commettrai... Adèle, Adèle! je le jure par ce Dieu que je blasphème! par ma mère, que je ne connais pas!...

ADÈLE. Calmez-vous, malheureux!... vous me menacez!..... vous menacez une femme...

ANTONY, *se jetant à ses pieds*. Ah! ah!... grâce, grâce, pitié, secours!... Sais-je ce que je dis, ma tête est perdue... mes paroles sont de vains mots qui n'ont pas de sens... Oh! je suis si malheureux!... que je pleure... que je pleure comme une femme... Oh! riez, riez... un homme qui pleure, n'est-ce pas?.... j'en ris moi-même... ah! ah!

ADÈLE. Vous êtes insensé et vous me rendez folle.

ANTONY. Adèle! Adèle!...

ADÈLE. Oh! regarde cette pendule; elle va sonner onze heures.

ANTONY. Qu'elle sonne un de mes jours à chacune de ses minutes, et que je les passe près de vous...

ADÈLE. Oh! grâce! grâce! à mon tour, Antony... je n'ai plus de courage.

ANTONY. Un mot, un mot, un seul!... et je serai votre esclave.... j'obéirai à votre geste, dût-il me chasser pour toujours... un mot, Adèle; des années se sont passées dans l'espoir de ce mot!... si vous ne laissez pas en ce moment tomber de votre cœur cette parole d'amour..... quand vous reverrai-je, quand serai-je aussi malheureux que je le suis?.. Oh! si vous n'avez pas amour de moi, ayez pitié de moi!

ADÈLE. Antony! Antony!

ANTONY. Ferme les yeux... oublie les trois ans qui se sont passés; ne te souviens que de ces momens de bonheur où j'étai près de toi, où je te disais : Adèle!... mon ange!.. ma vie! encore un mot d'amour... et où tu me répondais : Antony!..... mon Antony!... oui, oui.

ADÈLE, *égarée*. Antony! mon Antony oui, oui, je t'aime...

ANTONY. Oh! elle est à moi!... je l'ai reprise; je suis heureux.

(Onze heures sonnent.)

ADÈLE. Heureux!... pauvre insensé!... onze heures!... onze heures, et Clara qui vient!... il faut nous quitter...

(Clara entre.)

ANTONY. Oh! dans ce moment j'aime mieux vous quitter que de vous voir devant quelqu'un.

ADÈLE. Sois la bien-venue, Clara.

ANTONY. Oh! je m'en vais... merci... j'emporte là du bonheur pour une éternité... Adieu, Clara... ma bonne Clara!... Adieu, madame. (*Bas.*) Quand vous reverrai-je?...

ADÈLE. Le sais-je!...

ANTONY. Demain, n'est-ce pas?... Oh! que c'est loin demain!...

ADÈLE. Oui, demain... bientôt... plus tard.

ANTONY. Toujours... adieu...

(Antony sort.)

ADÈLE, *le suivant des yeux et courant à la porte*. Antony...

CLARA. Que fais-tu? du courage, du courage.

ADÈLE. Oh! j'en ai, ou plutôt j'en ai eu; car il s'est usé dans mes dernières paroles. Oh! si tu savais comme il m'aime, l'insensé?

CLARA. As-tu préparé une lettre pour lui?

ADÈLE. Une lettre? oui, la voilà

CLARA. Donne.

ADÈLE. Qu'elle est froide cette lettre! qu'elle est cruellement froide!... Il m'accusera de fausseté. Eh! le monde ne veut-il pas que je sois fausse?... C'est ce que la société appelle devoir, vertu. Elle est parfaite, cette lettre. Tu la lui remettras...

CLARA. Viens, viens, tout est prêt; le domestique qui doit t'accompagner t'attend

ADÈLE. Bien. Par où faut-il que j'aille?.. Conduis-moi; tu vois bien que suis prête à tomber, que je n'ai pas de forces, que je n'y vois plus.

(Elle tombe sur une chaise.)

CLARA. Oh! ma sœur! songe à ton mari.

ADÈLE. Je ne puis songer qu'à *lui*.

CLARA. Songe à ta fille.

ADÈLE. Ah! oui, ma fille!

(Elle entre dans le cabinet.)

CLARA. Embrasse-la, pense à elle; et maintenant, maintenant, pars.

ADÈLE, *se jetant dans les bras de Clara*. Oh! Clara, Clara! que tu dois me mépriser!... Ne me reconduis pas... je te parlerais encore de lui... Adieu, adieu; prends soin de ma fille.

CLARA. Le ciel te garde!

FIN DU DEUXIÈME ACTE.

ACTE III.

Une auberge à Ittenheim, à deux lieues en deçà de Strasbourg.

SCENE PREMIERE.

LOUIS, ANTONY, L'HOTESSE.

(Antony entre couvert de poussière et suivi de son domestique.)

ANTONY, *appelant*. La maîtresse de l'auberge?

L'HOTESSE, *sortant de la pièce voisine*. Voilà, monsieur.

ANTONY. Vous êtes la maîtresse de cette auberge?

L'HOTESSE. Oui, monsieur.

ANTONY. Bien... Où sommes-nous?... le nom de ce village?

L'HOTESSE. Ittenheim.

ANTONY. Combien de lieues d'ici à Strasbourg?

L'HOTESSE. Deux.

ANTONY. Il ne reste, par conséquent, qu'une poste d'ici à la ville?

L'HOTESSE. Oui, monsieur.

ANTONY, *à part* Il était tems. (*Haut.*) Combien de voitures ont relayé chez vous aujourd'hui?

L'HOTESSE. Deux seulement.

ANTONY. Quels étaient les voyageurs?

L'HOTESSE. Dans la première, un homme âgé avec sa famille.

ANTONY. Dans l'autre?

L'HOTESSE. Un jeune homme avec sa femme ou sa sœur.

ANTONY. C'est tout?

L'HOTESSE. Oui, tout.

ANTONY, *à lui-même*. Alors, c'est bien elle que j'ai rejointe et dépassée à deux lieues de ce village, en sortant de Vasselonne... Dans une demi-heure ou trois quarts d'heure elle sera ici; c'est bon.

L'HOTESSE. Monsieur repart-il?

ANTONY. Non, je reste. Combien y a-t-il maintenant de chevaux de poste dans votre écurie?

L'HOTESSE. Quatre.

ANTONY. Et quand vous en manquez, est-il possible de s'en procurer dans ce village?

L'HOTESSE Non, monsieur.

ANTONY. J'ai aperçu sous la remise, en entrant, une vieille berline, est-elle à vous?

L'HOTESSE. Un voyageur nous a chargé de la rendre.

ANTONY. Combien?

L'HOTESSE. Mais...

ANTONY. Faites vite, je n'ai pas le tems.

L'HOTESSE. Vingt louis.

ANTONY. Les voilà; rien n'y manque?

L'HOTESSE. Non.

ANTONY. Combien de chambres vacantes dans votre auberge?

L'HOTESSE. Deux au premier étage.

ANTONY. Celle-ci?

L'HOTESSE, *ouvrant la porte de communication*. Et celle-là.

ANTONY. Je les retiens.

L'HOTESSE. Toutes deux?

ANTONY. Oui. Si cependant un voyageur

était obligé de rester ici cette nuit, vous me le diriez, et peut-être en céderais-je une.

L'HOTESSE. Monsieur a-t-il autre chose à commander?

ANTONY. Qu'on mettre à l'instant même, vous entendez, à l'instant, les quatre chevaux à la berline que je viens d'acheter, et que le postillon soit prêt dans cinq minutes.

L'HOTESSE. C'est tout?

ANTONY. Oui, pour le moment; d'ailleurs j'ai mon domestique, et si j'avais besoin de quelque chose, je vous ferais appeler.

(L'hôtesse sort.)

SCÈNE II.

LOUIS, ANTONY.

ANTONY. Louis!

LOUIS. Monsieur?

ANTONY. Tu me sers depuis dix ans?

LOUIS. Oui, monsieur.

ANTONY. As-tu jamais eu à te plaindre de moi?

LOUIS. Jamais.

ANTONY. Crois-tu que tu trouverais un meilleur maître?

LOUIS. Non, monsieur.

ANTONY. Alors tu m'es dévoué, n'est-ce pas?

LOUIS. Autant qu'on peut l'être.

ANTONY. Tu vas monter dans la berline qu'on attelle, et tu partiras pour Strasbourg.

LOUIS. Seul?

ANTONY. Seul..... Tu connais le colonel d'Hervey?

LOUIS. Oui.

ANTONY. Tu prendras un habit bourgeois... tu te logeras en face de lui... tu te lieras avec ses domestiques..... Si dans un mois, deux mois, trois mois, n'importe à quelle époque, tu apprends qu'il va revenir à Paris, tu partiras à franc étrier pour le dépasser... Si tu apprends qu'il est parti, rejoins-le, dépasse-le pour m'en avertir; tu auras cent francs pour chaque heure que tu l'auras devancé..... Voilà ma bourse; quand tu n'auras plus d'argent, écris-moi.

LOUIS. Est-ce tout?

ANTONY. Non... tu retiendras le postillon en le faisant boire de manière à ce qu'il ne revienne avec les chevaux que demain matin, ou du moins fort avant dans la nuit... et maintenant pas un instant de retard... sois vigilant, sois fidèle... Pars...

(Louis sort.)

SCÈNE III.

ANTONY, *seul.*

Ah! me voilà seul enfin... Examinons... Ces deux chambres communiquent entre elles... oui, mais de chaque côté la porte se ferme en dedans... enfer!.. Ce cabinet.. aucune issue; si je démontais ce verrou... on pourrait le voir... Cette croisée... ah! le balcon sert pour les deux fenêtres... une véritable terrasse. (*Il rit.*) Ah!... c'est bien... je suis écrasé. (*Il s'assied.*) Oh! comme elle m'a trompé! je ne la croyais pas si fausse..... Pauvre sot, qui te fiais à son sourire, à sa voix émue, et qui un instant, comme un insensé, t'étais repris au bonheur, et qui avais pris un éclair pour le jour!..... Pauvre sot, qui ne sais pas lire dans un sourire, qui ne sais rien deviner dans une voix, et qui, la tenant dans tes bras, ne l'as pas étouffée, afin qu'elle ne fût pas à un autre... (*Il se lève.*) Et si elle allait arriver avant que Louis, qu'elle connaît, ne fût parti avec les chevaux... malheur!... Non, l'on n'aperçoit pas encore la voiture. (*Il s'assied.*) Elle vient, s'applaudissant de m'avoir trompé, et, dans les bras de son mari, elle lui racontera tout... elle lui dira que j'étais à ses pieds... oubliant mon nom d'homme, et rampant; elle lui dira qu'elle m'a repoussé, puis, entre deux baisers, ils riront de l'insensé Antony, d'Antony le bâtard!..... Eux rire..... mille démons! (*Il frappe la table de son poignard, et le fer y disparaît presque entièrement.... Riant...*) Elle est bonne la lame de ce poignard! (*Se levant et courant à la fenêtre.*) Louis part enfin... Qu'elle arrive maintenant... Rassemblez donc toutes les facultés de votre être pour aimer; créez-vous un espoir de bonheur, qui dévore à jamais tous les autres..... puis venez, l'ame torturée et les yeux en pleurs, vous agenouiller devant une femme! voilà tout ce que vous en obtiendrez... dérision et mépris... Oh! si j'allais devenir fou avant qu'elle arrivât!..... mes pensées se heurtent, ma tête brûle... où y a-t-il du marbre pour poser mon front... Et, quand je pense qu'il ne faudrait pour sortir de l'enfer de cette vie que la résolution d'un moment, qu'à l'agitation de la frénésie peut succéder en une seconde le repos du néant, que rien ne peut, même la puissance de Dieu, empêcher que cela soit, si je le veux... Pourquoi donc ne le voudrais-je pas?... est-ce un mot qui m'arrête?... suicide!... Certes, quand Dieu a fait des hommes une loterie au profit de la mort, et qu'il n'a donné à chacun d'eux que la force de supporter une certaine quantité de douleurs, il a dû penser que cet homme succomberait sous le fardeau, alors que le fardeau dépasserait ses forces... Et d'où vient que les malheureux ne pourraient pas rendre malheur pour malheur?..... cela ne serait pas juste, et Dieu est juste!..... Que cela soit donc, qu'elle souffre et pleure comme j'ai pleuré et souffert!... Elle, pleurer!..... elle, souffrir, ô mon Dieu!..... elle, ma vie, mon ame... c'est affreux... Oh! si elle pleure, que ce soit ma mort du moins... Antony pleuré par Adèle... Oui, mais aux larmes succéderont la tristesse, la mélancolie, l'indifférence... son cœur se serrera encore de tems en tems, lorsque par hasard on prononcera mon nom devant elle... puis on ne le prononcera plus... l'oubli viendra... l'oubli, ce second linceul des morts!..... Enfin, elle sera heureuse... mais pas seule... un autre partagera son bonheur..... cet autre, dans deux heures elle sera près de lui..... pour la vie entière... et moi, pour la vie entière, je serai loin... Ah! qu'il ne la revoie jamais!.. N'ai-je pas entendu?.. oui, oui... le roulement d'une voiture... La nuit vient..... c'est heureux qu'il fasse nuit!... Cette voiture... c'est la sienne... oh! cette fois encore je me jetterai au-devant de toi, Adèle... mais ce ne sera pas pour te sauver... Cinq jours sans me voir, et elle me quitte le jour où elle me voit... et si la voiture m'eût brisé le front contre la muraille, elle eût laissé le corps mutilé à la porte, de peur qu'en entrant chez elle ce cadavre ne la compromît. Elle approche..... viens, viens, Adèle..... car on t'aime... et on t'attend ici... la voilà... De cette fenêtre je pourrais la voir..... mais sais-je en la voyant ce que je ferais... oh! mon cœur, mon cœur... Elle descend... c'est sa voix, sa voix si douce qui disait hier: A demain, demain, mon ami... Demain est arrivé, et je suis au rendez-vous... On monte... c'est l'hôtesse.

(Il s'assied avec une tranquillité apparente sur un meuble près de la porte.)

SCENE IV.

L'HOTESSE, ANTONY.

L'HOTESSE *entre, deux flambeaux à la main; elle en pose un sur la table.* Monsieur, une dame, forcée de s'arrêter ici, a besoin d'une chambre; vous avez eu la bonté de me dire que vous céderiez une de celles que vous avez retenues. Si monsieur est toujours dans les mêmes intentions, je le prierais de me dire de laquelle des deux il veut bien disposer en ma faveur...

ANTONY, *d'un air d'indifférence.* Mais de celle-ci: c'est, je crois, la plus grande et la plus commode..... je me contenterai de l'autre.

L'HOTESSE. Et quand, monsieur?

ANTONY. Tout de suite..... (*L'hôtesse porte le second flambeau dans la pièce voisine et revient en scène tout de suite.*) La porte ferme en dedans..... cette dame sera chez elle.

L'HOTESSE. Je vous en remercie, monsieur. (*Elle va à la porte de l'escalier.*) Madame.... madame... vous pouvez monter... Par ici... là...

ANTONY, *entrant dans l'autre chambre.* La voilà...

(Il ferme la porte de communication au moment où Adèle paraît.)

SCENE V.

L'HOTESSE, ADÈLE.

ADÈLE. Et vous dites qu'il est impossible de se procurer des chevaux?

L'HOTESSE. Madame, les quatre derniers sont partis il n'y a pas un quart d'heure.

ADÈLE. Et quand reviendront-ils?

L'HOTESSE. Cette nuit.

ADÈLE. Ah! mon Dieu! au moment d'arriver.... quand il n'y a plus d'ici à Strasbourg que deux lieues. Ah! cherchez..... cherchez s'il n'y a pas quelque moyen.

L'HOTESSE. Je n'en connais pas.... Ah! cependant, si le postillon qui a amené madame était encore en bas, peut-être consentirait-il à doubler la poste.

ADÈLE. Oui, oui, c'est un moyen..... Courez, dites-lui que ce qu'il demandera je le lui donnerai.... Allez, allez. (*L'hôtesse sort.*) Oh! il y sera encore... il y consentira.... et dans une heure je serai près de mon mari.... Ah! mon Dieu! je n'entends rien..... ne vois rien... Ce postillon sera reparti, peut-être.... (*A l'hôtesse qui rentre.*) Eh bien?

L'HOTESSE. Il n'y est déjà plus... L'étranger qui vous a cédé cette chambre lui a dit quelques mots de sa fenêtre, et il est reparti à l'instant.

ADÈLE. Que je suis malheureuse!

L'HOTESSE. Madame paraît bien agitée?

ADÈLE. Oui. Encore une fois, il n'y a aucun moyen de partir avant le retour des chevaux?

L'HOTESSE. Aucun, madame.

ADÈLE. Laissez-moi alors, je vous prie.

L'HOTESSE. Si madame a besoin de quelque chose, elle sonnera.

SCÈNE VI.

ADELE, *seule.*

D'où vient que je suis presque contente de ce retard? Oh! c'est qu'à mesure que je me rapproche de mon mari il me semble entendre sa voix, voir sa figure sévère.... Que lui dirai-je pour motiver ma fuite?... Que je craignais d'en aimer un autre?.... Cette crainte seule, aux yeux de la société, aux siens, est presque un crime... Si je lui disais que le seul désir de le voir... ah! ce serait le tromper... Peut-être suis-je partie trop tôt, et le danger n'était-il pas aussi grand que je le croyais... Oh! avant de le revoir, lui, je n'étais pas heureuse, mais du moins j'étais calme... chaque lendemain ressemblait à la veille... Dieu! pourquoi cette agitation, ce trouble... quand je vois tant de femmes?.... Oh! c'est qu'elles ne sont point aimées par Antony... l'amour banal de tout autre homme m'eût fait sourire de pitié.... mais son amour à lui... son amour... Ah! être aimée ainsi et pouvoir l'avouer à Dieu et au monde... être la religion, l'idole, la vie d'un homme comme lui.... si supérieur aux autres hommes.... lui rendre tout le bonheur que je lui devrais, et puis des jours nombreux qui passeraient comme des heures..... ah! voilà pourtant ce qu'un préjugé m'a enlevé.... voilà cette société juste qui punit en nous une faute que ni l'un ni l'autre de nous n'a commise... et en échange, que m'a-t-elle donné? ah! c'est à faire douter de la bonté céleste!... Dieu! qu'ai-je entendu? du bruit dans cette chambre... c'est un étranger, un homme que je ne connais pas qui l'habite... cette chambre.... (*Elle se précipite vers la porte, qu'elle ferme au verrou.*) Et j'avais oublié... cette chambre est sombre... Pourquoi donc tremblé-je comme cela?... (*Elle sonne.*) Des chevaux! des chevaux! au nom du ciel!... je meurs ici!... (*A la porte de l'escalier.*) Quelqu'un! madame!...

SCENE VII.

L'HOTESSE, ADÈLE.

L'HOTESSE, *en dehors.* Voilà! voilà! (*Entrant.*) Madame appelle?

ADÈLE. Je veux partir... les chevaux sont-ils revenus?

L'HOTESSE. Ils partaient à peine quand madame est arrivée, et je ne les attends que dans deux ou trois heures... madame devrait se reposer.

ADÈLE. Où?

L'HOTESSE. Dans ce cabinet il y a un lit.

ADÈLE. Il ne ferme pas, ce cabinet.

L'HOTESSE. Les deux portes de cette chambre ferment en dedans.

ADÈLE. C'est juste. Je puis être sans crainte ici... n'est-ce pas?

L'HOTESSE, *portant le flambeau dans le cabinet.* Que pourrait craindre madame?

ADÈLE. Rien... Je suis folle. (*L'hôtesse sort du cabinet.*) Venez, au nom du ciel! me prévenir... aussitôt que les chevaux seront de retour.

L'HOTESSE. Aussitôt, madame.

ADÈLE, *entrant dans le cabinet.* Jamais il n'est arrivé d'accident dans cet hôtel?

L'HOTESSE. Jamais... Si madame veut, je ferai veiller quelqu'un?

ADÈLE, *à l'entrée du cabinet.* Non, non... au fait... pardon... laissez-moi...

(Elle rentre dans le cabinet et ferme la porte.)

Antony paraît sur le balcon, derrière la fenêtre, casse un carreau, passe son bras, ouvre l'espagnolette, entre vivement, et va mettre le verrou à la porte par laquelle est sortie l'hôtesse.

ADÈLE, *sortant du cabinet.* Du bruit..... un homme... ah!...

ANTONY. Silence!... (*La prenant dans ses bras et lui mettant un mouchoir sur la bouche.* C'est moi... moi, Antony...

(Il l'entraîne dans le cabinet.)

FIN DU QUATRIÈME ACTE.

ACTE IV.

Un boudoir chez la vicomtesse de Lancy ; au fond, une porte ouverte donnant sur un salon élégant préparé pour un bal ; à gauche, une porte dans un coin.

SCENE PREMIERE.

LA VICOMTESSE, *d'abord seule, ensuite* EUGÈNE.

LA VICOMTESSE, *à plusieurs domestiques.* Allez, et n'oubliez rien de ce que j'ai dit... L'ennuyeuse chose qu'une soirée pour une maîtresse de maison qui est seule ; à peine ai-je eu le tems d'achever ma toilette, et si cet excellent Eugène ne m'avait aidée dans mes invitations et mes préparatifs, je ne sais comment je m'en serais tirée..... mais il avait promis d'être ici le premier.

UN DOMESTIQUE, *annonçant.* M. Eugène d'Hervilly.

LA VICOMTESSE, *saluant.* Monsieur...

EUGÈNE, *lui rendant son salut.* Madame...

(Le domestique sort.)

LA VICOMTESSE, *changeant de manières.* Ah ! vous voilà... (*Se coiffant d'une main et donnant l'autre à baiser.*) Vous êtes charmant et d'une exactitude qui ferait honneur à un algébriste ; c'est beau pour un poète.

EUGÈNE. Il y a des circonstances où l'exactitude n'est pas une vertu bien surprenante.

LA VICOMTESSE. Vrai?... tant mieux... Ma toilette est-elle de votre goût ?

EUGÈNE. Charmante!

LA VICOMTESSE. Flatteur !... Reconnaissez-vous cette robe?

EUGÈNE. Cette robe?...

LA VICOMTESSE. Oublieux!... c'est celle que j'avais la première fois que je vous vis...

EUGÈNE. Ah! oui, chez...

(Il cherche.)

LA VICOMTESSE, *avec impatience.* Chez Mme Amédée de Vals..... il n'y a que les femmes pour avoir ce genre de mémoire... ce devrait être le beau jour, le grand jour de votre existence... Vous rappelez-vous cette dame qui ne nous a pas quittés des yeux ?

EUGÈNE. Oui, madame de Camps... cette prude... dont on heurte toujours le pied, et qui, lorsqu'on lui fait des excuses, fait semblant de ne pas comprendre, et répond : Oui, monsieur, pour la première contredanse.

LA VICOMTESSE. A propos, je l'ai vue depuis que vous m'avez quittée, et je me suis disputée avec elle, oh ! mais disputée à m'enrouer.

EUGÈNE. Ah ! bon Dieu! et sur quoi donc?

LA VICOMTESSE. Sur la littérature..... Vous savez que je ne parle plus que littérature... c'est vraiment à me compromettre... C'est votre faute cependant... Si vous me rendiez en amour ce que je risque pour vous, au moins...

EUGÈNE. Comment? est-ce que je ne vous aimerais pas comme vous voulez être aimée ?

LA VICOMTESSE. Il le demande !..... Quand j'ai vu un poète s'occuper de moi, j'ai été enchantée ; je me suis dit : Oh ! je vais trouver une ame ardente, une tête passionnée, des émotions nouvelles et profondes. Pas du tout, vous m'avez aimée comme aurait fait un agent de change..... Voulez-vous me dire où vous prenez ces scènes de feu qui vous ont fait réussir au théâtre? car, vous avez beau dire, c'est là qu'est le succès de vos pièces, et non dans l'historique, les mœurs, la couleur locale..... que sais-je moi? Oh ! je vous en veux mortellement de m'avoir trompée... et de rire encore.

EUGÈNE. Ecoutez... moi aussi, madame, j'ai cherché partout cet amour délirant dont vous parlez..... moi aussi je l'ai demandé à toutes les femmes... Dix fois j'ai été sur le point de l'obtenir d'elles... mais pour les unes je ne faisais pas assez bien le nœud de ma cravate ; pour les autres, je sautais trop en dansant et pas assez en valsant... une dernière allait m'aimer à l'adoration, lorsqu'elle s'est aperçue que je ne dansais pas le galop... bref, il m'a toujours échappé au moment où je croyais être sûr de l'avoir inspiré... C'est le rêve de l'âme tant qu'elle est jeune et naive..... Tout le monde a fait ce rêve pour le voir s'évanouir lentement; j'ai commencé ainsi que les autres, et fini comme eux; j'ai accepté de la vie ce qu'elle donne, et l'ai tenue quitte de ce qu'elle promet; j'ai usé cinq ou six ans à chercher cet amour idéal au milieu de notre société élégante et rieuse, et j'ai terminé ma recherche par le mot *impossible.*

LA VICOMTESSE. Impossible!..... Voyez comme aime Antony... voilà comme j'aurais voulu être aimée..

EUGÈNE. Oh! c'est autre chose; prenez-y garde, madame; un amour comme celui d'Antony vous tuerait du moment où vous ne le trouveriez pas ridicule; vous n'êtes pas, comme madame d'Hervey, une femme au teint pâle, aux yeux tristes, à la bouche sévère..... Votre teint est rosé, vos yeux sont pétillans, votre bouche est rieuse... de violentes passions détruiraient tout cela, et ce serait dommage; vous, bâtie de fleurs et de gaze, vous voulez aimer et être aimée d'amour; ah! prenez-y garde, madame!

LA VICOMTESSE. Mais vous m'effrayez!... au fait, peut-être cela vaut-il mieux comme cela est.

EUGÈNE, *avec gaîté.* Eh! sans doute; vous commandez une robe, vous me dites que vous m'aimez, vous allez au bal, vous revenez avec la migraine; le tems se passe, votre cœur reste libre, votre tête est folle; et, si vous avez à vous plaindre d'une chose, c'est de ce que la vie est si courte et les jours si longs.

LA VICOMTESSE. Silence, fou que vous êtes, voilà du monde qui nous arrive.

LE DOMESTIQUE. Mme de Camps.

LA VICOMTESSE. Votre antipathie.

EUGÈNE. Je l'avoue... méchante et prude.

LA VICOMTESSE. Chut!..... (*A Mme de Camps.*) Ah! venez donc...

SCENE II.

LA VICOMTESSE, MADAME DE CAMPS, EUGÈNE.

MADAME DE CAMPS. J'arrive de bonne heure, chère Marie; il est si embarrassant pour une veuve de se présenter seule au milieu d'un bal; on sent tous les regards se fixer sur soi.

LA VICOMTESSE. Mais il me semble que c'est un malheur que moins que tout autre vous devez craindre.

MADAME DE CAMPS. Vous me flattez, [...]t-ce que vous m'en voulez encore de notre petite querelle littéraire?.... (*A Eugène.*) C'est vous qui la rendez romantique, monsieur; c'est un péché duquel vous répondrez au jour du jugement dernier.

EUGÈNE. Je ne sais trop, madame, par quelle influence je pourrais...

MADAME DE CAMPS. Oh! ni moi non plus, mais le fait est qu'elle ne dit plus un mot de médecine, et que Bichat, Broussais, Gall et M. Delaunay sont complétement abandonnés pour Shakespeare, Schiller, Goëthe et vous.

LA VICOMTESSE. Mais, méchante que vous êtes, vous feriez croire à des choses...

MADAME DE CAMPS. Oh! ce n'est qu'une plaisanterie... Et qui aurons-nous à notre belle soirée?... tout Paris?...

LA VICOMTESSE. D'abord..... puis nos amis habituels, quelques présentations de jeunes gens qui dansent; c'est précieux, l'espèce en devient de jour en jour plus rare..... Ah! Adèle d'Hervey, qui rentre dans le monde.

MADAME DE CAMPS. Oui, qu'elle a quitté sous prétexte de mauvaise santé, depuis trois mois, depuis son départ, depuis son aventure dans une auberge... que sais-je moi!... Comment, chère Marie, vous recevez cette femme?... Eh bien! vous avez tort .. vous ne savez donc pas?...

LA VICOMTESSE. Je sais qu'on dit mille choses dont pas une n'est vraie peut-être.. Mais Adèle est une ancienne amie à moi.

MADAME DE CAMPS. Oh! ce n'est point non plus un reproche que je vous fais...... vous êtes si bonne, vous n'aurez vu dans cette invitation qu'un moyen de la réhabiliter; mais ce serait à elle à comprendre qu'elle est déplacée dans un certain monde, et, si elle ne le comprend pas, ce serait charité que de le lui faire sentir. Si son aventure n'avait pas fait tant d'éclat encore.... Mais pourquoi sa sœur se presse-t-elle de dire qu'elle est partie pour rejoindre son mari, puis, quelques jours après, on la voit revenir? M. Antony, absent avec elle, revient en même tems qu'elle.....: Vous l'avez sans doute invité aussi M. Antony?

LA VICOMTESSE. Certes!

MADAME DE CAMPS. Je serai enchantée de le voir M. Antony; j'aime beaucoup les problèmes.

LA VICOMTESSE. Comment?

MADAME DE CAMPS. Sans doute; n'est-ce point un problème.... vivant au milieu de la société qu'un homme riche, dont on ne connaît ni la famille ni l'état? Quant à moi, je ne connais qu'un métier qui dispense d'un état et d'une famille

EUGÈNE. Ah ! madame !

MADAME DE CAMPS. Sans doute ! rien n'est dramatique comme le mystérieux au théâtre ou dans un roman... mais dans le monde !

LE DOMESTIQUE, *annonçant*. Monsieur le baron de Marsanne, monsieur Frédéric de Lussan, monsieur Darcey.

(Puis quelques autres personnes qu'on ne nomme pas.)

SCENE III.

LA VICOMTESSE, Mme DE CAMPS, EUGÈNE, FRÉDÉRIC, LE BARON DE MARSANNE.

LA VICOMTESSE *dit quelques mots à chacun des arrivans*. Oh ! c'est bien aimable à vous, monsieur le baron. (*Avec familiarité à Frédéric.*) Vous êtes un homme charmant ; vous danserez, n'est-ce pas ?

FRÉDÉRIC. Mais, madame, je serai à vos ordres aujourd'hui, comme toujours.

LA VICOMTESSE. Faites attention, j'ai des témoins... Monsieur Darcey, je vous avais promis à ces dames. (*A des dames qui entrent.*) Oh ! comme vous êtes jolie ! venez ici, mon bel ange. (*A la maman.*) Vous nous la laisserez, n'est-ce pas ? bien tard ! bien tard !

LA MAMAN. Mais, madame la vicomtesse...

LA VICOMTESSE. J'ai trois personnes pour faire votre partie de boston.

LE DOMESTIQUE. Monsieur Olivier Delaunay.

(Les dames sourient et regardent alternativement Eugène et Olivier.)

SCÈNE IV.

LES MÊMES, OLIVIER.

OLIVIER. Madame...

LA VICOMTESSE. Bonjour, monsieur Olivier, je suis enchantée de vous voir ; vous trouverez ce soir, ici, M. Antony ; j'ai présumé qu'il vous serait agréable de le rencontrer, voilà pourquoi mon invitation était si pressante.

FRÉDÉRIC, *allant à Olivier*. Mais je te cherchais partout en entrant ici ; je m'attendais à ce que les honneurs de la maison me seraient faits par toi.

OLIVIER, *apercevant Eugène qui vient à eux*. Chut !

FRÉDÉRIC. Bah !

OLIVIER. Parole d'honneur !

EUGÈNE. Bonjour, docteur.

OLIVIER. Eh bien ! mon ami, les succès ?

EUGÈNE. Eh bien ! mon cher, les malades ?

OLIVIER. Siffle-t-on toujours ?

EUGÈNE. Meurt-on quelquefois ?

LE DOMESTIQUE. Madame la baronne d'Hervey.

MADAME DE CAMPS, *à des dames qui l'entourent*. L'héroïne de l'aventure que je vous racontais.

SCÈNE V.

LES MÊMES, ADÈLE.

LA VICOMTESSE. Bonjour, chère Adèle. Eh bien ! vous n'amenez pas votre sœur Clara ?

ADÈLE. Il y a quelques jours qu'elle est partie pour rejoindre son mari.

MADAME DE CAMPS. Mais nous la reverrons probablement bientôt ; ces voyages-là ne sont point ordinairement de longue durée.

LA VICOMTESSE, *vivement à Adèle*. Chère amie, permettez que je vous présente M. Eugène d'Hervilly, que vous connaissez sans doute de nom.

ADÈLE. Oh ! monsieur, je suis bien indigne ; depuis trois mois j'ai été souffrante, je suis sortie à peine, et par conséquent je n'ai pu voir votre dernier ouvrage.

LA VICOMTESSE. Profane ! allez-y donc, et bien vite ; je vous enverrai ma loge la première fois qu'on le jouera. (*A Eugène.*) Vous m'en ferez souvenir.

LE DOMESTIQUE. Monsieur Antony.

(Tout le monde se retourne, les yeux se fixent alternativement sur Adèle et sur Antony qui entre. Antony salue la vicomtesse, puis les dames en masse. Olivier va à lui, ils causent. Eugène le regarde avec curiosité et intérêt.)

SCENE VI.

LES MÊMES, ANTONY.

ADÈLE, *pour cacher son trouble, s'adresse vivement à Eugène*. Et vous achevez sans doute quelque chose, monsieur ?

EUGÈNE. Oui, madame.

MADAME DE CAMPS. Toujours du moyen âge?

EUGÈNE. Toujours.

ADÈLE. Mais pourquoi ne pas attaquer un sujet au milieu de notre société moderne?

LA VICOMTESSE. C'est ce que je lui répète à chaque instant; faites de l'actualité. N'est-ce pas qu'on s'intéresse bien plus à les personnages de notre époque, habillés comme nous, parlant la même langue?

LE BARON DE MARSANNE. Oh! c'est qu'il est plus facile de prendre dans les chroniques que dans son imagination....... on y trouve les pièces à peu près faites.

FRÉDÉRIC. Oui, à peu près.

LE BARON DE MARSANNE. Dam! voyez plutôt ce que *le Constitutionnel* disait à propos de....

EUGÈNE, *sans l'écouter*. Plusieurs causes, beaucoup trop longues à développer, m'empêchent de le faire.

LA VICOMTESSE. Déduisez vos raisons, et nous serons vos juges.

EUGÈNE. Oh! mesdames, permettez-moi de vous dire que ce serait un cours beaucoup trop sérieux pour un auditoire en robe de bal et en parure de fête.

MADAME DE CAMPS. Mais point du tout, vous voyez qu'on ne danse pas encore... et puis nous nous occupons toutes de littérature; n'est-ce pas, vicomtesse?

LE BARON DE MARSANNE. De la patience mesdames, monsieur consignera toutes ses idées dans la préface de son premier ouvrage.

LA VICOMTESSE. Est-ce que vous faites une préface?

LE BARON DE MARSANNE. Les romantiques font tous des préfaces... *le Constitutionnel* les plaisantait l'autre jour là-dessus avec une grâce...

ADÈLE. Vous le voyez, monsieur, vous avez usé à vous défendre un tems qui aurait suffi à développer tout un système.

EUGÈNE. Et vous aussi, madame, faites-y attention... vous l'exigez, je ne suis plus responsable de l'ennui... Voici mes motifs: La comédie est la peinture des mœurs, le drame celle des passions. La révolution, en passant sur notre France, a rendu les hommes égaux, confondu les rangs, généralisé les costumes. Rien n'indique la profession, nul cercle ne renferme telles mœurs ou telles habitudes; tout est fondu ensemble, les nuances ont remplacé les couleurs, et il faut des couleurs et non des nuances au peintre qui veut faire un tableau.

ADÈLE. C'est juste.

LE BARON DE MARSANNE. Cependant, monsieur, *le Constitutionnel*...

EUGÈNE, *sans écouter*. Je disais donc que la comédie de mœurs devenait de cette manière, sinon impossible, du moins très difficile à exécuter. Reste le drame de passion, et ici une autre difficulté se présente. L'histoire nous lègue des faits, ils nous appartiennent par droit d'héritage, ils sont incontestables, ils sont au poète: il exhume les hommes d'autrefois, les revêt de leurs costumes, les agite de leurs passions, qu'il augmente ou diminue selon le point où il veut porter le dramatique. Mais que nous essayions nous, au milieu de notre société moderne, sous notre frac gauche et écourté, de montrer à nu le cœur de l'homme... on ne le reconnaîtra pas... la ressemblance entre le héros et le parterre sera trop grande, l'analogie trop intime; le spectateur qui suivra chez l'acteur le développement de la passion voudra l'arrêter là où elle se serait arrêtée chez lui; si elle dépasse sa faculté de sentir et d'exprimer à lui... il ne la comprendra plus, il dira: C'est faux, moi je n'éprouve pas ainsi; quand la femme que j'aime me trompe, je souffre sans doute..... oui..... quelque tems..... mais je ne la poignarde ni ne meurs, et la preuve, c'est que me voilà. Puis les cris de l'exagération, au mélodrame, qui couvrent les applaudissemens de ces quelques hommes qui, plus heureusement ou plus malheusement organisés que les autres, sentent que les passions sont les mêmes au quinzième qu'au dix-neuvième siècle, et que le cœur bat d'un sang aussi chaud sous un frac de drap que sous un corselet d'acier.

ADÈLE. Eh bien! monsieur, l'approbation de ces quelques hommes vous dédommagerait amplement de la froideur des autres.

MADAME DE CAMPS. Puis, s'ils doutaient, vous pourriez leur donner la preuve que ces passions existent véritablement dans la société. Il y a encore des amours profondes qu'une absence de trois ans ne peut éteindre, des chevaliers mystérieux qui sauvent la vie à la dame de leurs pensées, des femmes vertueuses qui fuient leur amant, et, comme le mélange du naturel et du sublime est à la mode... des scènes qui n'en sont que plus dramatiques pour s'être passées dans une chambre d'auberge... je peindrais une de ces femmes...

ANTONY, *qui n'a rien dit pendant toute la discussion littéraire, mais dont le visage s'est progressivement animé, s'avance lentement, et s'appuie sur le dos du fauteuil de madame de Camps.* Madame, auriez-vous par hasard ici un frère ou un mari?

MADAME DE CAMPS, *étonnée*. Que vous importe, monsieur ?

ANTONY. Je veux le savoir, moi !

MADAME DE CAMPS. Non !

ANTONY. Eh bien ! alors, honte au lieu de sang. (*A Eugène.*) Oui, madame a raison, monsieur ! et, puisqu'elle s'est chargée de vous tracer le fond du sujet, je me chargerai, moi, de vous indiquer les détails... Oui, je prendrais cette femme innocente et pure entre toutes les femmes, je montrerais son cœur aimant et candide, méconnu par cette société fausse, au cœur usé et corrompu ; je mettrais en opposition avec elle une de ces femmes dont toute la moralité serait l'adresse ; qui ne fuirait pas le danger, parce qu'elle s'est depuis long-tems familiarisée avec lui ; qui abuserait de sa faiblesse de femme pour tuer lâchement une réputation de femme, comme un spadassin abuse de sa force pour tuer une existence d'homme ; je prouverais enfin que la première des deux qui sera compromise sera la femme honnête, et cela, non point à défaut de vertu..... mais d'habitude..... puis, à la face de la société, je demanderais justice entre elles ici-bas, en attendant que Dieu la leur rendît là-haut. (*Silence d'un instant.*) Allons, mesdames, c'est assez long-tems causer littérature ; la musique vous appelle, en place pour la contredanse.

EUGÈNE, *présentant vivement la main à Adèle.* Madame, aurai-je l'honneur...?

ADÈLE. Je vous rends grâce, monsieur, je ne danserai pas.

(Antony prend la main d'Eugène et la lui serre.)

MADAME DE CAMPS. Adieu, chère vicomtesse.

LA VICOMTESSE. Comment, vous vous en allez ?

MADAME DE CAMPS, *s'éloignant.* Je ne resterai certes pas après la scène affreuse...

LA VICOMTESSE, *s'éloignant avec elle.* Vous l'avez un peu provoquée, convenez-en.

(Adèle reste seule, Antony la regarde pour savoir s'il doit rester ou sortir ; Adèle lui fait signe de s'éloigner.)

SCENE VII.

ADÈLE, *puis* LA VICOMTESSE.

ADÈLE. Ah ! pourquoi suis-je venue, mon Dieu ! je doutais encore, tout est donc connu ! tout, non pas, mais bientôt tout... perdue, perdue à jamais. Que faire ! sortir... tous les yeux se fixeront sur moi... rester... toutes les voix crieront à l'impudence. J'ai pourtant bien souffert depuis trois mois ! c'aurait dû être une expiation.

LA VICOMTESSE, *entrant.* Eh bien !..... ah ! je vous cherchais, Adèle !

ADÈLE. Que vous êtes bonne !

LA VICOMTESSE. Et vous, que vous êtes folle ! Bon Dieu ! je crois que vous pleurez ?...

ADÈLE. Oh ! pensez-vous que ce soit sans motif ?

LA VICOMTESSE. Pour un mot ?

ADÈLE. Un mot qui tue.

LA VICOMTESSE. Mais cette femme perdrait vingt réputations par jour si on la croyait.

ADÈLE, *se levant vivement.* On ne la croira point, n'est-ce pas ? Tu ne la crois pas, toi ? merci ! merci !

LA VICOMTESSE. Mais vous-même, chère Adèle, il faudrait savoir aussi commander un peu à votre visage.

ADÈLE. Comment et pourquoi l'aurais-je appris ? Oh ! je ne le sais pas, je ne le saurai jamais.

LA VICOMTESSE. Mais si, enfant, je disais comme vous... au milieu de ce monde on entend une foule de choses qui doivent glisser sans atteindre, ou, si elles atteignent, eh bien ! un regard calme, un sourire indifférent...

ADÈLE. Oh ! voilà qui est affreux, Marie ; c'est que vous-même pensiez déjà ceci de moi, qu'un jour viendra où j'accueillerai l'injure, où je ne reculerai pas devant le mépris, où je verrai devant moi, avec un regard calme, un sourire indifférent, ma réputation de femme et de mère, comme un jouet d'enfant, passer entre des mains qui la briseront. Oh ! mon cœur ! mon cœur ! plutôt qu'on le torture, qu'on le déchire, et je resterai calme, indifférente ; mais ma réputation, mon Dieu !... Marie, vous savez si jusqu'à présent elle était pure, si une voix dans le monde avait osé lui porter atteinte.

LA VICOMTESSE. Eh bien ! mais voilà justement ce qu'elles ne vous pardonneront pas, voilà ce qu'à tort ou à raison il faut que la femme expie un jour... Mais que vous importe, si votre conscience vous reste ?

ADÈLE. Oui, si la conscience reste.

LA VICOMTESSE. Si en rentrant chez vous, seule avec vous-même, vous pouvez en souriant vous regarder dans votre glace et dire : Calomnie !..... Si vos amis continuent à vous voir...

ADÈLE. Par égard pour mon rang, pour ma position sociale,

LA VICOMTESSE. S'ils vous tendent la main, vous embrassent... voyons...

ADÈLE. Par pitié, peut-être... par pitié; et c'est une femme qui, en se jouant, le sourire sur les lèvres, laisse tomber sur une autre femme un mot qui déshonore, l'accompagne d'un regard doux et affectueux pour savoir s'il entrera bien au cœur, et si le sang rejaillira... infamie... Mais je ne lui ai rien fait à cette femme?

LA VICOMTESSE. Adèle!

ADÈLE. Elle va aller répéter cela partout... elle dira que je n'ai point osé la regarder en face, et qu'elle m'a fait rougir et pleurer... Oh! cette fois, elle dira vrai, car je rougis et je pleure.

LA VICOMTESSE. Oh! mon Dieu! calmez-vous; et moi qui suis obligée de vous quitter.

ADÈLE. Oui, votre absence attristerait le bal; allez, Marie, allez.

LA VICOMTESSE. J'avais promis à Eugène de danser avec lui la première contredanse.. mais avec lui je ne me gêne pas, la seconde commence. Écoutez, chère Adèle, mon amie, vous ne pouvez entrer maintenant; remettez-vous, et je reviendrai tout à l'heure vous chercher. Puis après tout, songez que tout le monde vous abandonnât-il, il vous restera toujours une bonne amie, un peu folle, mais au cœur franc, qui sait qu'elle vaut cent fois moins que vous, mais qui ne vous en aime que cent fois davantage. Allons, embrassez-moi, essuyez vos beaux yeux gonflés de larmes, et revenez vite faire mourir toutes ces femmes de jalousie... Au revoir... Je vais veiller à ce qu'on ne vienne pas vous troubler.

(Elle sort. Antony est entré, pendant ces derniers mots de la vicomtesse, par la porte de côté, et s'est tenu au fond.)

SCENE VIII.

ANTONY, ADÈLE, *sans le voir.*

ANTONY, *regardant s'éloigner la vicomtesse.* Elle est bonne cette femme! (*Il revient lentement se placer devant Adèle sans être aperçu. Avec angoisse.*) Oh! mon Dieu! mon Dieu!

ADÈLE, *avec douceur et relevant la tête.* Je ne vous en veux pas, Antony.

ANTONY. Oh! vous êtes un ange.

ADÈLE. Je vous l'avais bien dit qu'on ne pouvait rien cacher à ce monde qui nous entoure de tous ses liens, nous épie de tous ses yeux... Vous avez désiré que je vinsse, je suis venue.

ANTONY. Oui, et vous avez été insultée lâchement!..... insultée, et moi j'étais là, et je ne pouvais rien pour vous, c'était une femme qui parlait... Dix années de ma vie, dussent-elles passer avec vous, et je les aurais données pour que ce fût un homme qui dit ce qu'elle a dit.

ADÈLE. Mais je ne lui ai rien fait à cette femme.

ANTONY. Elle s'est au moins rendu justice en se retirant.

ADÈLE. Oui, mais ses paroles empoisonnées étaient déjà entrées dans mon cœur et dans celui des personnes qui se trouvaient là... Vous, vous n'entendez d'ici que le fracas de la musique et le froissement du parquet..... moi, au milieu de tout cela, j'entends bruire mon nom, mon nom cent fois répété, mon nom qui est celui d'un autre, qui me l'a donné pur, et que je lui rends souillé... Il me semble que toutes ces paroles qui bourdonnent ne sont qu'une seule phrase répétée par cent voix... C'est sa maîtresse!

ANTONY. Mon amie... mon Adèle!

ADÈLE. Puis, quand je rentrerai... car je ne puis rester toujours ici, ils se parleront bas... leurs yeux dévoreront ma rougeur... ils verront la trace de mes larmes... et ils diront: Ah! elle a pleuré... mais il la consolera, lui, c'est sa maîtresse!

ANTONY. Ah!

ADÈLE. Les femmes s'éloigneront de moi, les mères diront à leurs filles... Vois-tu cette femme?... elle avait un mari honorable..... qui l'aimait, qui la rendait heureuse..... rien ne peut excuser sa faute... c'est une femme qu'il ne faut pas voir, une femme perdue; c'est sa maîtresse!

ANTONY. Oh! tais-toi, tais-toi! Et, parmi toutes ces femmes, quelle femme est plus pure et plus innocente que toi?..... Tu as fui... c'est moi qui t'ai poursuivie; j'ai été sans pitié à tes larmes, sans remords à tes gémissemens; c'est moi qui t'ai perdue, moi qui suis un misérable, un lâche; je t'ai déshonorée, et je ne puis rien réparer... Dis-moi, que faut-il faire pour toi?... Y a-t-il des paroles qui consolent? demande ma vie, mon sang... par grâce, que veux-tu, qu'ordonnes-tu?...

ADÈLE. Rien... Vois-tu, il m'est passé

là souvent une idée affreuse... c'est que peut-être une fois, une seule fois, tu as pu te dire dans ton cœur... Elle m'a cédé, donc elle pouvait céder à un autre.

ANTONY. Que je meure si cela est!

ADÈLE. C'est qu'alors pour toi aussi je serais une femme perdue... toi aussi tu dirais... C'est ma maîtresse !

ANTONY. Oh! non, non... tu es mon âme, ma vie, mon amour.

ADÈLE. Dis-moi, Antony, si demain j'étais libre, m'épouserais-tu toujours?

ANTONY. Oh! sur Dieu et l'honneur.... oui.

ADÈLE. Sans crainte... sans hésitation?

ANTONY. Avec ivresse.

ADÈLE. Merci! il me reste donc Dieu et toi, que m'importe le monde?... Dieu et toi savez qu'une femme ne pouvait résister à tant d'amour... Ces femmes si vaines, si fières, eussent succombé comme moi... si mon Antony les eût aimées; mais il ne les eût pas aimées, n'est-ce pas?...

ANTONY. Oh! non, non...

ADÈLE. Car quelle femme pourrait résister à mon Antony? Ah!... tout ce que j'ai dit est folie..... je veux être heureuse encore, j'oublierai tout pour ne me souvenir que de toi..... Que m'importe ce que le monde dira? je ne verrai plus personne, je m'isolerai avec notre amour, tu resteras près de moi; tu me répéteras à chaque instant que tu m'aimes, que tu es heureux, que nous le sommes; je te croirai, car je crois en ta voix, en tout ce que tu me dis; quand tu parles, tout en moi se tait pour écouter, mon cœur n'est plus serré, mon front n'est plus brûlant, mes larmes s'arrêtent, mes remords s'endorment... j'oublie...

ANTONY. Non, je ne te quitterai plus, je prends tout sur moi, et que Dieu m'en punisse, oui, nous serons heureux encore... calme-toi.

ADELE, *dans les bras d'Antony.* Je suis heureuse!... (*La porte du salon s'ouvre, la vicomtesse paraît.*) Marie!

ANTONY. Malédiction!

(Adèle jette un cri et se sauve par la porte de côté.)

SCENE IX.

ANTONY, LA VICOMTESSE, *puis* LOUIS.

LA VICOMTESSE. Monsieur, ce n'est qu'après vous avoir cherché partout que je suis entrée ici.

ANTONY, *avec amertume.* Et sans doute, madame, un motif bien important?...

LA VICOMTESSE. Oui, monsieur, un homme qui se dit votre domestique, vous demande..... ne veut parler qu'à vous..... Il y va, dit-il, de la vie et de la mort.

ANTONY. Un domestique à moi... qui ne veut parler qu'à moi... oh! madame, permettez qu'il entre ici..... pardon.... si c'était..... et puis, au nom du ciel! dites à Adèle... à la baronne... de venir... de venir à l'instant....... cherchez-la, madame, je vous en prie... vous êtes sa seule amie...

LA VICOMTESSE. J'y cours. (*Au domestique.*) Entrez.

ANTONY. Louis!.... Oh! qui te ramène?

LOUIS. Le colonel d'Hervey est parti hier matin de Strasbourg; il sera ici dans quelques heures.

ANTONY. Dans quelques heures... (*Appelant.*) Adèle!... Adèle!...

LA VICOMTESSE, *rentrant.* Elle vient de partir.

ANTONY. Pour retourner chez elle..... malheureuse! arriverai-je à tems?

FIN DU QUATRIÈME ACTE.

ACTE V.

Une chambre chez Adèle d'Hervey.

SCÈNE PREMIÈRE.

DÈLE, UNE FEMME DE CHAMBRE.

(Un domestique apporte deux flambeaux et sort.)

ADÈLE *entrant, donnant son boa à sa femme de chambre qui la suit.* Vous pouvez vous retirer.

LA FEMME DE CHAMBRE. Mais madame va rester seule.

ADÈLE. Si j'ai besoin de vous, je sonnerai... allez.

(La femme de chambre sort.)

SCENE II.

ADÈLE, *seule.*

Ah! me voilà donc seule enfin... je puis rougir et pleurer seule..... Mon Dieu! qu'est-ce que c'est donc que cette fatalité à laquelle vous permettez d'étendre le bras au milieu du monde, de saisir une femme qui toujours avait été vertueuse et qui voulait toujours l'être, de l'entraîner malgré ses efforts et ses cris, brisant tous les appuis auxquels elle se rattache, faisant sa perte, à elle, de ce qui ferait le salut d'un autre, et vous consentez, ô mon Dieu! que cette femme soit vue des mêmes yeux, poursuivie des mêmes injures que celles qui se sont fait un jeu de leur déshonneur... Oh! est-ce justice?.. Une amie encore, une seule au monde, croyait à mon innocence et me consolait... c'était trop de bonheur, pas assez de honte....... elle me trouve dans ses bras... abandonnée... Ah! Antony! Antony! me poursuivras-tu donc toujours!... Qui vient là?

SCÈNE III.

ADÈLE, ANTONY.

ANTONY, *entrant.* Adèle! (*Avec joie.*) Ah!

ADÈLE. Oh! c'est encore vous...... vous ici! dans la maison de mon mari, dans la chambre de ma fille presque!....... Ayez donc pitié de moi!... Mes domestiques me respectent et m'honorent encore; voulez-vous que demain je rougisse devant mes domestiques?...

ANTONY. Aucun ne m'a vu... puis il fallait que je te parlasse.

ADÈLE. Oui, vous avez voulu savoir comment j'avais supporté cette afffreuse soirée... eh bien! je suis calme, je suis tranquille, ne craignez rien....... retirez-vous.

ANTONY. Oh! ce n'est pas cela....... ne t'alarme pas de ce que je vais te dire...

ADÈLE. Parle! parle! quoi donc?

ANTONY. Il faut me suivre

ADÈLE. Vous!... et pourquoi?

ANTONY. Pourquoi? Oh! mon Dieu! Pauvre Adèle.... écoute, tu sais si ma vie est à toi, si je t'aime avec délire. Eh bien!... par ma vie et mon amour, il faut me suivre... à l'instant.

ADÈLE. O mon Dieu! mais qu'y a-t-il donc?

ANTONY. Si je te disais: Adèle... la maison voisine est en proie aux flammes, les murs sont brûlans, l'escalier chancelle, il faut me suivre... eh bien! tu aurais encore plus de tems à perdre.

(Il l'entraîne.)

ADÈLE. Oh! vous ne m'entraînerez pas, Antony, c'est folie... Grâce! grâce?... oh! j'appelle, je crie!

ANTONY, *la lâchant.* Il faut donc tout te dire, tu le veux: eh bien! du courage, Adèle! dans une heure ton mari sera ici.

ADÈLE. Qu'est-ce que tu dis?

ANTONY. Le colonel est au bout de la rue, peut-être.

ADÈLE. Cela ne se peut pas... ce n'est pas l'époque de son retour.

ANTONY. Et si des soupçons le ramènent, si des lettres anonymes ont été écrites.

ADÈLE. Des soupçons!... oui, oui, c'est cela.... Oh! mais je suis perdue, moi!.... Sauvez-moi, vous... mais n'avez-vous rien résolu?... vous le saviez avant moi... vous aviez le tems de chercher... Moi, moi.... vous voyez bien que j'ai la tête renversée.

ANTONY. Il faut te soustraire d'abord à une première entrevue.

ADÈLE. Et puis?...

ANTONY. Et puis nous prendrons conseil de tout, même du désespoir... Si tu étais une de ces femmes vertueuses qui te raillaient ce soir... je te dirais : Trompe-le.

ADÈLE. Oh! fussé-je assez fausse pour cela.... Oublies-tu que je ne pourrais pas le tromper long-tems. Nous ne sommes pas malheureux à demi, nous!

ANTONY. Eh bien! tu le vois, plus d'espérance à attendre du ciel en restant ici... Écoute, je suis libre, moi; partout où j'irai, ma fortune me suivra, puis, me manquât-elle, j'y suppléerai facilement. Une voiture est en bas... Ecoute, et réfléchis qu'il n'y a pas d'autre moyen : si un cœur dévoué, si une existence d'homme tout entière que je jette à tes pieds..... te suffisent... dis oui; l'Italie, l'Angleterre, l'Allemagne, nous offrent un asile..... je t'arrache à ta famille, à ta patrie..... Eh bien! je serai pour toi et famille et patrie... En changeant de nom, nul ne saura qui nous sommes pendant notre vie, nul ne saura qui nous avons été après notre mort. Nous vivrons isolés, tu seras mon bien, mon Dieu, ma vie; je n'aurai d'autre volonté que la tienne, d'autre bonheur que le tien... Viens, viens, et nous oublierons les autres pour ne nous souvenir que de nous.

ADÈLE. Oui, oui... Eh bien! un mot à Clara.

ANTONY. Nous n'avons pas une minute à perdre.

ADÈLE. Ma fille !....... il faut que j'embrasse ma fille.... vois-tu, c'est un dernier adieu, un adieu éternel.

ANTONY. Oui, oui, va, va.

(Il la pousse.)

ADÈLE. O mon Dieu!

ANTONY. Mais qu'as-tu donc?

ADÈLE. Ma fille!... quitter ma fille!... à qui on demandera compte un jour de la faute de sa mère, qui vivra peut-être, mais qui ne vivra plus pour elle... ma fille!... Pauvre enfant! qui croira se présenter pure et innocente au monde, et qui se présentera déshonorée comme sa mère, et par sa mère!

ANTONY. O mon Dieu!

ADÈLE. N'est-ce pas que c'est vrai?..... Une tache tombée sur un nom ne s'efface pas; elle le creuse, elle le ronge, elle le dévore... Oh! ma fille! ma fille!

ANTONY. Eh bien! emmenons-la, qu'elle vienne avec nous..... Hier encore j'aurais cru ne pouvoir l'aimer cette fille d'un autre.... et de toi.... Eh bien! elle sera ma fille, mon enfant chéri; je l'aimerai comme celui... Mais prends-la et partons... prends-la donc, chaque instant te perd.... A quoi songes-tu? il va venir, il vient, il est là!...

ADÈLE. Oh! malheureuse!..... .. où en suis-je venue, où m'as-tu conduit? Et il n'a fallu que trois mois pour cela..... Un homme me confie son nom... met en moi son bonheur... Sa fille... il l'adore... c'es son espoir de vieillesse... l'être dans lequel il doit se survivre.... Tu viens il y a trois mois.... mon amour éteint se réveille, je souille le nom qu'il me confie..... je brise tout le bonheur qui reposait sur moi... Et ce n'est pas tout encore, non, car ce n'est point assez : je lui enlève l'enfant de son cœur, je déshérite ses vieux jours des caresses de sa fille.... et, en échange de son amour.... je lui rends honte, malheur et abandon....... Sais-tu, Antony, que c'est infâme?

ANTONY. Que faire alors?

ADÈLE. Rester.

ANTONY. Et lorsqu'il découvrira tout?

ADÈLE. Il me tuera.

ANTONY. Te tuer..... lui te tuer..... toi mourir, moi te perdre... c'est impossible... Tu ne crains donc pas la mort, toi?

ADÈLE. Oh! non... elle réunit...

ANTONY. Elle sépare... penses-tu que je croie à tes rêves, moi..... et que sur eux j'aille risquer ce qu'il me reste de vie et de bonheur?... Tu veux mourir? eh bien! écoute, moi aussi je le veux... mais je ne veux pas mourir seul, vois-tu..... et je ne veux pas que tu meures seule..... je serais jaloux du tombeau qui te renfermerait. Béni soit Dieu qui m'a fait une vie isolée que je puis quitter sans coûter une larme à des yeux aimés! béni soit Dieu qui a permis qu'à l'âge de l'espoir j'eusse tout épuisé et fusse fatigué de tout!... Un seul lien m'attachait à ce monde... il se brise... et moi aussi je veux mourir..... mais avec toi; je veux que les derniers battemens de nos cœurs se répondent... que nos derniers soupirs se confondent... Comprends-tu?.... une mort douce comme un sommeil, une mort plus heureuse que toute notre vie... Puis, qui sait? par pitié peut-être jettera-t-on nos corps dans le même tombeau.

ADÈLE. Oh oui! cette mort avec toi, l'éternité dans tes bras.... Oh! ce serait le ciel, si ma mémoire pouvait mourir avec moi.... Mais, comprends-tu, Antony?.... cette mémoire, elle restera vivante aux cœurs de tous ceux qui nous ont connus... on demandera compte à ma fille de ma vie et de ma mort... On lui dira : Ta mère... elle a cru qu'un nom taché se lavait avec du sang.... enfant, ta mère s'est trompée, son nom est à jamais déshonoré, flétri ! et toi, toi... tu portes le nom de ta mère... On lui dira : elle a cru fuir la honte en mourant... et elle est morte dans les bras de l'homme à qui elle devait sa honte ; et, si elle veut nier, on lèvera la pierre de notre tombeau, et l'on dira : Regarde.... les voilà !

ANTONY. Oh! nous sommes donc maudits? ni vivre ni mourir enfin !

ADÈLE. Oui..... oui, je dois mourir seule... tu le vois, tu me perds ici sans espoir de me sauver... tu ne peux plus qu'une chose pour moi... va-t'en, au nom du ciel, va-t'en !

ANTONY. M'en aller...... te quitter...... quand il va venir, lui..... T'avoir reprise et te reperdre... enfer !... et s'il ne te tuait pas?... s'il te pardonnait?... Avoir commis pour te posséder... rapt, violence et adultère, et pour te conserver, hésiter devant un nouveau crime... perdre mon ame pour si peu. Satan en rirait; tu es folle... non... non, tu es à moi comme l'homme est au malheur.... (*La prenant dans ses bras.*) Il faut que tu vives pour moi....... je t'emporte... malheur à qui m'arrête !...

ADÈLE. Oh! oh!

ANTONY. Cris et pleurs... qu'importe!...

ADÈLE. Ma fille! ma fille!

ANTONY. C'est un enfant.... demain elle rira.

(Ils sont prêts à sortir. On entend deux coups de marteau à la porte cochère.)

ADÈLE, *s'échappant des bras d'Antony.*) Ah! c'est lui... Oh! mon Dieu! mon Dieu! ayez pitié de moi, pardon, pardon!

ANTONY, *la quittant.* Allons, tout est fini!

ADÈLE. On monte l'escalier... on sonne.. C'est lui... fuis, fuis!

ANTONY, *fermant la porte.* Eh! je ne veux pas fuir, moi.... Écoute.... tu disais tout à l'heure que tu ne craignais pas la mort.

ADÈLE. Non, non... Oh! tue-moi, par pitié!

ANTONY. Une mort qui sauverait ta réputation, celle de ta fille?

ADÈLE. Je la demanderais à genoux.

UNE VOIX, *au dehors.* Ouvrez... ouvrez.. Enfoncez cette porte...

ANTONY. Et à ton dernier soupir tu ne haïrais pas ton assassin?

ADÈLE. Je le bénirais... mais hâte-toi... cette porte...

ANTONY. Ne crains rien..... la mort sera ici avant lui... Mais songes-y, la mort!

ADÈLE. Je la demande, je la veux, je l'implore. (*Se jetant dans ses bras.*) Je viens la chercher.

ANTONY *lui donne un baiser.* Eh bien! meurs!

(Il la poignarde.)

ADÈLE, *tombant dans un fauteuil.* Ah!...

(Au même moment la porte du fond s'enfonce; le colonel d'Hervey se précipite sur le théâtre.)

SCENE IV.

LE COLONEL D'HERVEY, ANTONY, ADELE, PLUSIEURS DOMESTIQUES.

LE COLONEL. Infâme!... que vois-je!... Adèle!... morte!...

ANTONY. Oui! morte! Elle me résistait je l'ai assassinée!...

(Il jette son poignard aux pieds du colonel.)

FIN.

Paris. — Imprimerie de DUBUISSON et Ce, rue Coq-Héron, 5.

www.ingramcontent.com/pod-product-compliance
Lightning Source LLC
LaVergne TN
LVHW010249230826
846091LV00007B/2872

* 9 7 8 2 0 1 3 0 7 8 6 3 4 *